WIGALD BONING

Der Fußgänger

»Eine bodenständige
Philosophie des Wanderns«

Für Mama

Über allen Gipfeln
sind Schuh'.
Unter allen Zipfelmützen
ambitionierte Alpinisten,
die eine Outdoor-App benützen.
Ihr Leben ist ein
schweißgefüllter Schlauch.
Warte nur! Bald
wanderst Du auch.

sehr frei nach
Johann Wolfgang von Goethe

Inhalt

Mit wem wandern? 68

Wohin wandern? **100**

Wie schnell wandern? 146

Prolog:
Die Ursuppeneinlage langweilt sich

Am Anfang war das Fort-, das Weg-, das Woandershinwollen.

Irgendein Einzeller in der Ursuppe hatte genug davon, mal hierhin, mal dorthin getragen zu werden, und irgendeine genetische Mutation mag ihm ein Flimmerhärchen geschenkt haben, welches sich nach Art einer Geißel als Ruder verwenden ließ.

Der unbekannte Einzeller erfreute sich erheblicher Vorteile. Er manövrierte mal hierhin, mal dorthin, schaffte es regelmäßig an die besten Einzeller-Imbisse, und so ist es kein Wunder, dass er beim Einzeller-Tindern weitaus erfolgreicher abschnitt als seine Kollegen ohne Ruder.

Einige tausend Generationen später waren aus den Einzellern Zellverbände geworden, die sich mit allerlei Flossen, Beinchen und Püsterichen über den Meeresgrund schoben. Manche machten bald darauf sogar das Seepferdchenabzeichen und schwammen, ganz ohne Schwimmflügel, quer durch den weiten Ozean. Und wieder ein paar tausend Generationen später wurde es einem Teil der ehemaligen Ursuppeneinlage zu langweilig, und diese Neugierigen robbten an Land.

Hossa, was gab es da nicht alles zu sehen: Flechten und Farne, Bims und Bernstein, Schuppen- und Siegelbäume, und spontan beschlossen sie, an Land zu bleiben. Aus Robben wurde Krabbeln, aus Tentakeln wurden Haxen, die Amphibien – ich mach's mal kurz – zum Urmenschen.

Der Urmensch war im Grunde ein zufriedener Gesell. Den Großteil des Tages verbrachte er auf allen vieren, nur manchmal stellte er sich auf die Hinterbeine, etwa, wenn er ganz besonders weit gucken wollte. Einer von ihnen war schwer verliebt, wartete tagtäglich stundenlang auf seine Angebetete, eine begeisterte Heidelbeersammlerin.

Immer, wenn sie abends am Horizont der Savanne auftauchte, stürzte er ihr entgegen, verlor sie aber auf allen vieren im Unterholz aus den Augen, stellte sich wieder auf die Hinterbeine, entdeckte sie erneut, sprintete wieder los, verlor sie, und so fort. So ging es Tag für Tag, bis dem Verliebten ein Licht aufging. Wenn er aufrecht lief, blieb die Holde länger im Blick.

Jetzt sind wir wieder ein Weilchen weiter, und der sogenannte »aufrechte Gang« ist Mainstream geworden. Die meisten Menschen erheben sich wenigstens ab und an vom Sofa und gehen irgendwohin. Im Normalfall wird das Gehen nicht sonderlich reflektiert, und nur wenige verweigern sich komplett und verbringen ihr gesamtes Leben krabbelnd. Ihnen sei später noch ein spezielles Kapitelchen gewidmet.

Ich bin dafür, das Gehen wieder als das zu begreifen, was es ist: Zum einen eine pfiffige Idee, um ohne fremde Hilfe vom Bett zum Kühlschrank, in fremde Länder oder auf hohe Berge zu gelangen und zum anderen ein Akt der Liebe. Es muss keine Geliebte, kein Geliebter sein, dem wir zustreben, es reicht auch ein alter, üppiger Kastanienbaum, eine gemütliche Wirtschaft oder der Sonnenuntergang. Und manchmal reicht sogar

Auf diesem Pfad im deutsch-tschechischen Grenzgebiet könnte
er sich erstmals abgespielt haben: der aufrechte Gang

das Gehen selbst als Objekt unserer Liebe, wir gehen »um des Gehens willen«, einfach nur so, »um den Pudding«, wie man in meiner Heimatstadt zu sagen pflegte, wenn man ein Karree im Viertel umrundete.

Vor einigen Jahren titelte der Stern: »Sitzen ist das neue Rauchen!« Gemeint war, dass das Sitzen vielfältige negative Auswirkungen auf die Gesundheit hat. Wer viel sitzt, wird dick, rammdösig und hässlich und riskiert eine bedeutende Lebenszeitverkürzung bei gleichzeitigem Qualitätsverlust – so jedenfalls erklärte es der Stern-Text, wenn ich mich auch nur einigermaßen ausreichend erinnere. Umso tragischer, wenn wir uns die Realität vor Augen führen. Wohin man auch blickt, wird gesessen. Und zwar immer mehr. Beispiel Fußballstadion: Früher stand der gemeine Fan, hüpfte sich gemeinsam warm, heute sind Stehplätze »démodé«, wenn nicht sogar von der FIFA verboten. Anderes Beispiel: Früher ging (!) man essen, gar zum Stehimbiss, heute lässt man liefern und verzehrt die Pizza vorm Fernseher. Früher fuhren Kinder Tretroller durch die Gegend, stehend, und wenn sie saßen, dann auf einem Steckenpferd, also im Scheinsattel. Und heute? Das Gör unserer Zeit sitzt vor der Spielkonsole. Alle wichtigen Entscheidungen werden in Sitzungen getroffen, und weil die Sitzenden sich der Zweifelhaftigkeit ihrer Körperhaltung bewusst sind, haben sie einen Tarnnamen ausgeheckt, nämlich das »Meeting«.

> »War da wirklich alles, was auf Sitzungen entschieden wurde, das Gelbe vom Ei? Die alten Römer haben immerhin noch aufs Liegen gesetzt, beschnackten ihre Angelegenheiten in der Horizontalen.«

Der Großteil aller Entscheidungen, die die Menschheitsgeschichte bis heute prägen, wurde im Sitzen getroffen, und wenn wir uns den Weltenlauf so anschauen, kommt man zurecht ins Grübeln. War da wirklich alles, was auf Sitzungen entschieden wurde, das Gelbe vom Ei? Die alten Römer haben immerhin noch aufs Liegen gesetzt, beschnackten ihre Angelegenheiten in der Horizontalen. Noch gesünder machten es die Schüler des Aristoteles, die Peripatetiker. Das schöne P-Wort kommt von »Wandelhalle«, die Anhänger der aristotelischen Philosophie diskutierten nämlich am liebsten, während sie gingen. Und da möchte ich (mich) sofort einhaken. Frage: Wäre es um die Menschheit besser bestellt, wenn sie weniger säße, dafür mehr ginge?

Die abgeknickte Haltung des Sitzenden hemmt den freien Fluss der Körpersäfte, blockiert ausgerechnet die Körpermitte. Magen und Gedärm werden im Scharnier gequetscht, die drangvolle Enge der malträtierten Organe strahlt nach oben und unten aus, was sich unterseits in eingeschlafenen Füßen bemerkbar macht, oberseits in einer Trägheit des Denkens. Der eingerastete Sitzmensch setzt unwillkürlich auf eingerastete Denkmuster – es muss ja alles zusammenpassen, und wer noch nicht ausreichend abgestumpft ist, sucht der Enge zu entfliehen, etwa indem er zu kippeln beginnt, oder sich hinweg träumt, aus dem Fenster, an den üppigen Busen der Natur. Imaginiere ich Kippel-Klappern, kommt mir sogleich die Schule in den Sinn, die doch bei uns in erster Linie eine Schule des Sitzens ist.

Zu Beginn der Coronakrise hegte ich gewisse Hoffnungen. Jetzt, so sagte ich mir, werden die Leute endlich aufstehen und rausgehen, den Unterricht nach aristotelischem Vorbild im Freien stattfinden lassen, zumal dies Virologe Christian Drosten bereits im Frühjahr 2020 empfahl. Das Konzept »Waldkindergarten« hat sich bewährt – was sprach dagegen, es auf alle anderen Schulformen zu übertragen? In seinem NDR-Podcast erwähnte Drosten damals gewisse Versicherungsfragen, die zunächst geklärt werden müssten, seither passierte wenig bis nichts, der Run an die Frischluft blieb aus. Mein Verdacht: Die Kräfte des Beharrens waren wohl zu groß.

Ein weiterer Verdacht, den ich hege, betrifft das größere Ganze. Wir Menschen wollen, dürfen, müssen wandern. Die Sesshaftigkeit mit ihren Schaukelstühlen, ihren Massagesesseln und Sofagarnituren hat dem Frieden nicht erkennbar gedient, zum einen, weil erst der Grunderwerb gewisse Konflikte entstehen lässt, zum anderen, weil der stillgelegte Mensch nicht mehr wandernd ausgelastet ist, konkret und im übertragenen Sinne zu kippeln beginnt und schließlich seine Mitmenschen anfaucht, beziehungsweise ihnen eins auf die Omme gibt.

Merke: Wer sich den ganzen lieben langen Tag müde gewandert hat, hat abends keine Energie mehr für Handgreiflichkeiten, sondern will nur noch eins: liegen und die Augen zumachen.

In der Theorie. Das Gehen ist für manche bloße Notwendigkeit, etwa, weil das Auto nicht direkt vor der Haustür geparkt ist, und für andere brennende, beißende Leidenschaft.

»Eine bodenständige Philosophie des Wanderns«, verspricht der Titel dieses Buches. Nun ja; bodenständig ist jeder Geher qua Definition. Wenn er nicht mehr mit wenigstens einem Bein den Boden berührt, läuft oder hüpft er. Andererseits klingt bodenständig vielleicht ein bisserl sehr erdverwachsen. Ein Geher, der es drauf anlegt, kann auch in Traumländern spazieren und in Wolkenkuckucksheimen rasten, oder vermeintlich unbequeme Schuhe einer Praxisprüfung unterziehen. Auch dem experimentellen Gehen und seinen Freu(n)den ist dieses Bändchen gewidmet.

Was das Hand-, pardon, das Fußwerk des Wanderers mit Philosophie zu tun hat? Das weiß ich zur Stunde selbst noch nicht. Ich werde das Thema in voller Weglänge abschreiten, auch mithilfe alter Tagebuchaufzeichnungen, sonstiger Notizen und Erinnerungen. Natürlich lässt sich generell jedes Thema philosophisch betrachten: der Umgang mit Geld, mit der Moral, mit Politik, und eben auch der Umgang mit dem Gang selbst – keine Nabelschau, sondern eine Fußbesichtigung.

> »Was das Hand-, pardon, das Fußwerk des
> Wanderers mit Philosophie zu tun hat?
> Das weiß ich zur Stunde selbst noch nicht.«

Wer die letzten Jahrzehnte ausschließlich hinterm Steuer unterwegs war, muss darauf natürlich auch in Zukunft nicht verzichten: Man kann sich am Schrottplatz für wenig Geld ein ausrangiertes Lenkrad besorgen und dieses beim Spaziergang vor sich hertragen. Als Praktiker möchte ich aber vor dem Gewicht eines modernen Lenkrades warnen, zumal, wenn es noch mit Teilen der Lenksäule verbunden ist, wie ein Neugeborenes mit Nabelschnur und Plazenta. Gerade der Best Ager fährt, äh, geht besser mit einer Steuerrad-Nachbildung aus Pappe, Styropor oder Balsaholz. Wer auf Nummer sicher gehen, äh, fahren will, ergänzt sein Leichtsteuerrad um einen Schaltknüppel, der jedoch nicht in einer Getriebeattrappe endet, sondern unterseits aus dieser herausragt, um gleichsam als Handstock für einen sicheren Gang zu sorgen. Ein an Kopf oder Hut befestigter Rückspiegel ermöglicht Kontrolle über das, was hinter dem Neu- bzw. Spätgeher vor sich geht.

Unser Auto ist eine feste Burg! Manch einer möchte das Gefühl der heimeligen vier Fahrzeugwände nicht missen. In diesem Fall mag eine tragbare Karosserie hilfreich sein, die, nach Art eines Bauchladens getragen, den Fußgänger umgibt und allseitig abschirmt. Eine Windschutzscheibe ist in Anbetracht der zu erwartenden Ganggeschwindigkeiten zwar nicht unerlässlich, aber auch beim Gehen gilt: Wer ko', der ko'.

Empfehlenswert gerade für den (Neu-)Einstieg ist begleitende Lektüre, um die Praxis theoretisch zu fundamentieren. Spontan fallen mir Gottfried Seumes »Spaziergang nach Syrakus« ein, »Wanderer, kommst du nach Spa …« von Heinrich Böll, der fantastische »Spaziergang« von Robert Walser (einer meiner ewigen Lieblingsautoren, nicht nur, wenn es ums Gehen geht), außerdem alle Schriften des Komponisten, Fotografen und eben Wanderers Hans Jürgen von der Wense, z. B. »Über das Stehen«. Fehlen sollten auch nicht die »Träumereien eines einsamen Spaziergängers« von Jean-Jacques Rousseau, dessen Diktum »Zurück zur Natur« auch als Typenbezeichnung oder Nummernschildbeschriftung der oben beschriebenen Umhängekarosserie taugte, mit der wir uns nun auf ins Gebirge machen:

Mit offenem Mund habe ich »Sturz ins Leere« gelesen, die dramatische Geschichte zweier Freunde, die, per Seil aneinander befestigt, in den Anden bergsteigen. Einer stürzt ab, der andere steht vor der Wahl, ebenfalls Koppheister zu gehen – oder das Seil zu kappen. Die Krone des Alpin-Journalismus gebührt sicher Jon Krakauers »In eisigen Höhen«, ursprünglich geplant als Reportage über den merkwürdigen Tourismus am Mount Everest. Just als Krakauer selbst am Dach der Welt recherchiert, kommt es zur Katastrophe, in deren Verlauf 1996 acht Menschen im Schneesturm sterben. Auch andere Überlebende haben über dieses Ereignis Bücher geschrieben, unter denen ich »Allein auf den Everest« von Göran Kropp hervorheben möchte. Kropp nämlich fuhr mit dem Rad von Stockholm an den Fuß des welthöchsten Berges, um diesen allein und ohne Sauerstoff zu erklimmen. Als er nach 11 000 strapaziösen Kilometern ankommt und den Gipfelsturm fast vollendet hat, beginnt die Katastrophe. Kropp gibt sein eigenes Vorhaben auf, um bei der Suche nach Überlebenden zu helfen. Der Autor kam wohlbehalten wieder in Schweden an, starb aber mit 36 Jahren bei einem Kletterunfall in den USA.

Reinhold Messners Büchern verdanke ich auch einen Rucksack voller Inspirationen, etwa die Idee des »Grenzganges«, womit er ein Vorhaben meint, dessen Ausgang höchst ungewiss ist. Nur bei einem »Grenzgang« kann man wirklich vom Abenteuer sprechen – alles andere ist kalter Kaffee, aufgebohrter Alltag.

Ein buchstäblicher Grenzgänger-Roman, den ich persönlich immer schon mal lesen wollte, ist »So weit die Füße tragen« von Josef Martin Bauer, aus dem Jahr 1955. Geschildert wird die abenteuerliche Flucht eines deutschen Kriegsgefangenen aus einem ostsibirischen Kriegsgefangenenlager in die Heimat – in der sechsteiligen Fernsehfilmfassung von 1959 einer der größten Straßenfeger der deutschen Fernsehgeschichte. Gelesen wiederum habe ich als Halbstarker »Schneesturm« von 1950, Geschichte einer Flucht aus den USA über Japan nach Deutschland, verfasst vom Doyen der reisefiebrigen Räuberpistole, A.E. Johann.

Hängen geblieben ist vor allem das Wort »Hobo«: Hobos sind Landstreicher in den amerikanischen Nachkriegsjahren, die sich von Brücken hinab auf Güterzüge fallen lassen und so weite Strecken zurücklegen – eine Reisemethode, die jedoch höchstens mittelbar mit dem Thema dieses Buches zu tun hat, und zwar dann, wenn nach langer Wanderung die Beine schwer sind, aber keine Bushaltestelle in der Nähe ist, nur eine Bahnlinie mit darüber hinwegführender Brücke. Auf eigene Erfahrungen als Hobo kann ich nicht zurückgreifen, würde aber ganz pauschal davon abraten, auf einen ICE in voller Fahrt aufzuspringen. Besser, man belässt es beim klassischen S-Bahn-Surfen. Oder man wandert einfach weiter, trotz schwerer Beine.

Eines meiner liebsten theoretischen Werke über das Gehen heißt »Warum ist Landschaft schön?« von Lucius Burckhardt. Der Autor ist kein Geringerer als der Begründer der modernen Promenadologie (Englisch: Strollology), also der Spaziergangswissenschaft. Dass diese als akademische Disziplin existiert, erfuhr ich als Kandidat in der Prominentenausgabe der ZDF-Show »Quizchampion«. Die Frage lautete: »Was konnte man in den 80ern in Göttingen tatsächlich studieren?« Die beiden falschen Antwortmöglichkeiten habe ich vergessen, aber ich weiß, dass ich sogleich an ein Kultbuch meiner Jugend dachte, nämlich »Zen – die Kunst des Bogenschießens« und daraufhin meinte, mit einem Hang zur innovativen Kontemplation argumentieren zu können, der die 80er angeblich durchzog – jedenfalls in meiner Begründung.

Eine vielbeachtete Begründung dafür, warum wir Menschen manche Landschaften als »schön« empfinden, lieferte der wichtigste französische Landschaftsmaler des 17. Jahrhunderts, Claude Lorrain, dem es auf seinen Bildern um die »sichtbar gewordene Harmonie zwischen Mensch, Natur und Geschichte« ging und dessen Werke nicht nur Kollegen an der Staffelei, sondern bis heute auch so manchen Privatmann anregten, seinen Garten »idyllisch-arkadisch«, im Sinne Lorrains, umzugestalten.

In der »Geschichte der Landschaft in Mitteleuropa« von Hansjörg Küster wird die eiszeitlich geprägte Landschaft mit ihren vielgestaltigen Hügeln, Gewässern, Wäldern und dem Hochgebirge im Hintergrund als besonders attraktiv für unsere steinzeitlichen Vorfahren beschrieben, da in ihr besonders viele unterschiedliche Nahrungsmittelquellen angezapft werden konnten. Kleingliedrige Vielfalt verhalf also zur ausgewogenen Ernährung.

Meine Arbeitshypothese, auf unzähligen Wegen ausbaldowert: Was den Hunger unserer Vorfahren stillte, stillt heute unseren Hunger nach Schönheit. So ähnlich verhält es sich auch mit den teuersten Bauplätzen, die bekanntlich oben am Hang liegen, mit weitem Blick auf die eben beschriebene postglaziale Landschaft. Das waren schon in der Steinzeit die begehrtesten Plätze, weil man von ihnen aus die durchziehenden Wildherden erspähen konnte. Mit Transit-Elchen argumentieren die Makler heute nur noch selten, die Preise für Top-Lagen werden trotzdem gezahlt.

Gibt es in Deutschland überhaupt noch Natur?

Ich denke hierbei nicht an das, was man meint, wenn man »raus« geht, gar an den ominösen Busen eben dieser, also in die geschniegelten Forste, in ummauerte Schlossparks gar oder auf die Uferwege der Kanäle. Natur: Das ist doch eigentlich jene Wildnis, in der der Mensch nichts zu melden hat, die er höchstens per Machete oder per Einbaum durchqueren kann. Streng genommen hat doch in der »echten« Natur auch der markierte Wanderweg keinen Platz, da er die Immaculata, das weiße, arkadische Idyll der Schöpfung, mit Ketchup, Senf- oder Bratensoße befleckt, wie wir Homo Sapiens es eben so machen, wenn uns danach ist.

Ein paar Au- und Urwälder fallen mir ein, theoretisch auch Moorreste und gewisse Ruderalfluren, aber ansonsten nur zwei Großräume, nämlich: Das Hochgebirge sowie das Wattenmeer. Nur hoch oben, in Fels und Firn, und auf Normalnull im Schlick endet der Erschließungswahn, und der Mensch ergibt sich höheren Gewalten.

Vielleicht sind darum Strandwanderungen so populär: Wir Menschen schreiten in der Brandung die Grenze unseres Reiches ab. Auf der einen Seite: Das ist unsers, da können wir nicht nur walten, wie es uns beliebt, sondern wir tun's auch! Und auf der anderen Seite: Demütig fügen wir uns, fordern vielleicht einmal spielerisch die Natur heraus, aber sobald die Gischt unser Hosenbein erreicht, hudeln wir unter spitzen Schreien zurück auf den Strand, husch husch ins Körbchen.

Ein paar Worte zur Nomenklatur: Was ist eigentlich eine Wanderung? Hierüber lohnt es sich nachzudenken, schon allein, um durch die Grübelei die eine oder andere öde Etappe kurzweiliger zu gestalten.

Gehen wir doch mal die verschiedenen Wegarten durch, beginnend mit der kürzesten Distanz, dem Gang vom Schaukelstuhl rüber zum Fenster. Ich selbst habe gar keinen Schaukelstuhl, wohl aber besaß meine Oma Gerda einen; er stand in ihrer Lese- und Gästekammer, reichliche zwei Meter vom Fenster entfernt.

Stellen wir uns den Weg dorthin als Landschaft vor, so war das Zimmer von der Dachschräge geprägt, die Indoor-Hiker mit langen Körpern gezwungen hätte, an der linken Wand, mit ausreichend Kopffreiheit, entlangzugehen. Die überdachte, umwandete Landschaft (wie sagt man denn? Kammerschaft?) wurde ferner von einem Bücherregal geprägt, dessen Inhalt im Wesentlichen aus Titeln bestand, die Oma Gerda als Nutznießerin eines Leserings bezog. Wenn ich sie als Kind besuchte, was mindestens zweimal pro Monat der Fall war, durchstöberte ich diese kleine Bibliothek; nachhaltigen Eindruck hinterlassen hat bei mir »Das ärztliche Hausbuch« mit seinen vielen detailreich beschriebenen Krankheiten und interessanten Farbtafeln, unter denen sich mir die Darstellung entzündlicher Ekzeme besonders einprägte.

Übrigens ist meine Wegbeschreibung in der Vergangenheitsform abgefasst, weil nach dem Tod meiner lieben Oma Anfang des Jahrtausends das Zimmer vom Nachmieter umdekoriert wurde – ich spreche also von einer vergangenen Land- bzw. Kammerschaft, eventuell vergleichbar mit der Gegend hinter Quadrath-Ichendorf, im rheinischen Braunkohleabbaugebiet, dessen Gesicht bekanntlich auch einer radikalen OP unterzogen wurde.

Zurück zu Oma. Nächstes Highlight auf dem Weg zum Fenster war ein kleines Ölbild, das eine abendliche Straßenszene in Paris darstellte, mit dem Eiffelturm im Hintergrund, im lässigen Malstil der Fünfzigerjahre, so ähnlich, wie man damals glutäugige Sintezza in Öl anfertigte, mit kitschigen Glutaugen, nur eben bei Oma mit anderem Plot, ohne Glut, dafür mit schwindelerregend dunkelvioletter Dämmerung hinterm Eiffelturm.

Gehen wir doch mal die verschiedenen Wegarten durch, beginnend mit der kürzesten Distanz, dem Gang vom Schaukelstuhl rüber zum Fenster. Ich selbst habe gar keinen Schaukelstuhl, wohl aber besaß meine Oma Gerda einen; er stand in ihrer Lese- und Gästekammer, reichliche zwei Meter vom Fenster entfernt.

Und schließlich, wenn der Fußgänger seinen Blick vom Montparnasse losgerissen hatte, begann der Klimax, das Grande Finale, nämlich der Blickwurf gen Garageneinfahrt und zum Nachbarhaus, Am kleinen Esch 13, erdnussfarbene Klinker, hellblauer Opel Kadett.

Jetzt habe ich mich mit allerlei aufgehalten. Ursprünglich wollte ich gar nicht so sehr ins Eingemachte gehen. Was wir aber daran bestens sehen: Auch kurze, sehr kurze Wege können dem aufmerksamen Wanderer viel bieten. Ich bin trotzdem unsicher, ob man bei derlei Katzensprüngen tatsächlich von Wanderungen sprechen sollte.

Vielleicht ist das entscheidende die dahinterstehende Absicht, der Anlass der Fußreise? Eine aushäusige Erledigung, etwa den Weg zur Arbeit, zum Altglascontainer oder zum Supermarkt, wird kaum ein Automobilist oder Straßenbahnfahrer eine »Spazierfahrt« nennen, während es unter Fußgängern weit verbreitet ist, Pflicht und Kür miteinander zu verbinden. Möglich wird dies, weil der Fußgänger im Normalfall in einem Tempo unterwegs ist, dass ihn wenigstens auf herkömmlichen Bürgersteigen davon entbindet, seine Konzentration ausschließlich auf Wegführung und Trittsicherheit zu legen – zumal, wenn die Route bereits bekannt ist. Der Fußgänger genießt unter allen Verkehrsteilnehmern am ehesten das Privileg, in alle Richtungen zu denken: Nach oben, unten, außen, innen, in die Zukunft, Vergangenheit … »Spazieren« entwickelte sich etymologisch aus dem Italienischen »spaziare«, was wiederum aus dem Lateinischen »spatiārī« entstand und mit »umherschweifen«, »gemessenen Schrittes gehen« übersetzt werden kann – und wird. Der dem Kopf des Gängers anhängende Gedankenschweif passt auch zum Flaneur, jenem literarischen Charakter, dessen Wesensmerkmale das ziellose Beobachten des Großstadtlebens und die Reflexion sind – Zeitvertreibe, deren persönlichkeitsprägende Eigenschaften auch aus dem Wort »wandeln« abgelesen werden können. Wer wandelt, etwa in einer Wandelhalle, wandelt, ja verwandelt sich selbst. Die Extremform des autopilotischen Gehens ist gewiss das Nachtwandeln: Der Nachtwandler ergibt sich ganz dem Unterbewussten, ihn umrankt die Aura des Geheimnisvollen, während jener Kraftfahrer, der auf der Autobahn vom Sekundenschlaf ereilt wird, eher als gemeingefährliche Profanität wahrgenommen wird.

Vom Gassigehen bis zum Hofgang in der JVA, vom »Sehen und Gesehen-Werden« auf der Kö bis zum Weltraumspaziergang: das Wandeln ist eine vielseitige Kulturtech-

Der Gang zum Altglascontainer ist eine der
am häufigsten von mir begangenen Kurzwanderungen.
Sie ist bei jedem Wetter ein Genuss.

nik, die sich zu den Wanderungen unserer nomadischen Vorfahren verhält wie die Kochkunst zum Verzehr roher Rüben.

Aber, liebe Freunde, wer je nach 20 Wanderkilometern eine Zuckerrübe aus dem Felde grub, mit dem Taschenmesser schälte und hineinbiss, weiß, wie relativ kultureller Fortschritt sein, wie gut auch das frugalste Mahl munden kann – alles eine Frage des Hungers.

Die Wanderung jedenfalls behauptet von sich, ursprünglicher daherzukommen als der Spaziergang, physisch fordernder. Man unterscheidet gemeinhin Halbtages-, Tages- und Etappenwanderungen, während die Länge eines Spazierganges für sein Wesen unerheblich ist. Und während der Wanderer wenigstens heutzutage Wert legt auf passende Schuhe, Joppen, sogar Socken, kann der Spaziergänger bis auf Weiteres ohne spezielle Uniform daherkommen. Aber, da bin ich relativ sicher: Auch für den gemeinen Flaneur wird es schon bald spezielle Kleidung geben, etwa verkehrssicher, mit atmungsaktiven, selbstwärmenden und als Zugang zum Internet dienenden Fasern.

Das Wandern kann neben kontemplativen auch konkreten Zwecken dienen, etwa als Flucht, militärischer Marsch oder als Walz der Zimmerleute, und während es, oberflächlich betrachtet, unpassend erscheint, einen kurzen Gang zum Kaugummiautomaten eine Wanderung zu nennen, ist die Obergrenze überhaupt nicht festgelegt. Nahtlos geht eine mehrjährige Etappenwanderung durch diverse Kontinente über in die nächste Kategorie, als welche mir aber höchstens der Lebensweg einfällt, dessen letzte Meter vom Gang zur Urne markiert sind.

> Aber, liebe Freunde, wer je nach 20 Wanderkilometern eine Zuckerrübe aus dem Felde grub, mit dem Taschenmesser schälte und hineinbiss, weiß, wie relativ kultureller Fortschritt sein, wie gut auch das frugalste Mahl munden kann – alles eine Frage des Hungers.

Mein Weg zum Wandern

Es ist noch kein Spaziergangster vom Himmel gefallen – alle haben wir uns mühsam aufgerappelt. In der Lotrechten entscheiden dann Schlüsselmomente darüber, ob wir im Wandern die Würze des Lebens erschmecken oder doch nur altbackene Croutons auf der Wassersuppe des Daseins. Nicht zuletzt meinen Eltern verdanke ich die Gewissheit, auf allen Wegen eine Messerspitze Thrill im Schuh dabei zu haben.

Beginnen wir mit meiner ersten Erinnerung an den aufrechten Gang: Eine Reihenhaussiedlung am südlichen Stadtrand von Oldenburg. Ich bin etwas über zwei Jahre alt, sitze in der Sandkiste beim älteren Nachbarkind und bekomme eine blaue Schaufel auf den Kopf gehauen, rappele mich auf, laufe zum Gartenzaun und rufe weinend nach meiner Mama.

Papa, Mama und meine Schwester Melani – meine erste
Wandergruppe (man beachte die Schnabeltiermütze
meiner Mama, in den 70ern noch gang und gäbe).

Ist gewiss unschön, dieses älteste Gedankenbild, aber natürlich nicht außergewöhnlich. Das Sprechen beherrschte ich erst spät, mit zwei Jahren, das Laufen jedoch bereits mit eins. An den Prozess des Lernens, daran, wie ich mich an Tischkanten hochziehe, drei Schritte gehe und wieder umfalle, kann ich mich nicht erinnern. Diese Bilder sind nicht archiviert. Kann es sein, dass es den meisten Menschen geht wie mir? Oder gar allen? Liegt unser aller Aufstehen im kollektiven Dunkel? Wir können uns nicht darüber unterhalten, wie wir in die Vertikale fanden, das Glücksgefühl, kein Baby mehr zu sein, sondern ein Kleinkind, ist verschollen. Das Laufen erscheint uns allen selbstverständlich – dabei ist es das natürlich gar nicht. Die Anzahl der Tierarten, die ihre Leben auf zwei Beinen laufend verbringen, ist streng limitiert. Der Vogel Strauß fällt mir ein, und die Erdmännchen – aber die stehen ja eher rum und pfeifen sich eins.

Das zweite Kapitel meiner Gehmoiren spielt wesentlich später, in der Kindergartenzeit, ist aber dafür auch erheblich dicker. Einmal, so sprintet es mir durch den Kopf, war ich beim Kinderturnen und stampfte mit jedem Schritt fest auf den Turnhallenboden und freute mich über die knallenden Planken unter meinen Turnschüchen. Könnte sein, dass dies für einige Jahre die letzte erinnerbare Entdeckung eines Gehstils war.

Dann: Pause im katholischen Kindergarten. Sandkastenfreundin Anja wird für irgendetwas belohnt und darf die Glocken der Kapelle läuten – ich schlurfe neugierig neben ihr her. Auch im Kindergarten. Pause. Alle Kinder laufen in den Hof und spielen »Jungs die Mädchen«, alternierend mit »Mädchen die Jungs« (Fangen). Es wird gesungen. Ich will nicht mitmachen, finde singen peinlich, außerdem gelte ich als sogenannter »Brummer«, also ein Kind, das für unfähig gehalten wird, Melodiefolgen zu erfassen, höchstens zum Rappen taugt – aber Hip-Hop gibt es Anfang der 70er noch nicht. Mit Spezialerlaubnis der Kindergärtnerin darf ich mich erheben und ins Nachbarzimmer trotten, um dort mit Buntstiften zu zeichnen.

Stampfen, schlurfen, laufen, trotten: Immerhin kann ich mich noch an die Einzelheiten der Gangart erinnern, wenngleich die Fortbewegung bereits zur selbstverständlichen Rahmenhandlung geworden ist, im Vordergrund stehen Glockenläuten, von Mädchen gefangen werden, brummen und zeichnen.

Als das Gehen wieder die Hauptrolle spielt, bin ich bereits ein Grundschulkind. Papas Hobby ist das Wandern, und jeden Sonntagmorgen verbringen wir gemeinsam auf Wanderschaft. In der Regel fahren wir im zitronengelben BMW 1802 zum Startort, zumeist ein Wanderparkplatz oder eine Gastwirtschaft. Papa trägt Kniebundhose aus braunem Breitcord, dazu tannengrüne Kniestrümpfe, obenrum eine hellbeige Joppe aus Popeline. In der einen Hand hält er das blaue 1:50 000-Blatt des niedersächsischen Vermessungsamtes, in der anderen den Wanderstock. Auf dem Kopf trägt er eine Prinz-Heinrich-Mütze, damals, in der Ära von Bundeskanzler Helmut Schmidt, der In-Hut Nr. 1. Unsere Wanderstrecken sind ausnahmslos Rundkurse, messen zumeist 10 bis 20 Kilometer und passieren die lokalen Sehenswürdigkeiten, die tausendjährige Eiche im Hasbruch etwa, ein Waldgebiet zwischen Bremen und unserem Wohnort Oldenburg, das Sager Meer oder die vielen steinzeitlichen Grabanlagen im Oldenburger Land.

Zu allem weiß Papa spannende Geschichten zu erzählen, etwa die Sage von der Entstehung des Zwischenahner Meeres: Als in Oldenburg die erste Kirche gebaut wurde, war der Teufel stocksauer. Mit roher Kraft riss er einen ganzen Wald mitsamt Mutterboden aus, unter dem er die Huntemetropole begraben wollte. Den Wald in Händen, marschierte er durch das Moor Richtung Kirche und begegnete einem weißen

Ende der 90er in Argentinien. Hinter dem Zaunpfahl
erahnt man den Aconcagua (6961 m).

Hahn, der krähte. Der Teufel blieb kurz stehen und stöhnte: »Witte Hahn sitt, ich acht di een Schitt!« Bald darauf begegnete er einem roten Hahn, sagte: »Rote Hahn ro, ich acht' di so no (ungern)« und ließ einen Teil des Waldes fallen – just an der Stelle, an der sich heute der kleine Wildenloh befindet, ein bei Ausflüglern beliebter Forst. Schließlich traf er einen schwarzen Hahn. »Swarter Hahn swart, du treddst mi all wedder up't Hart!«, schrie der Teufel und ließ den restlichen Wald fallen – den heutigen großen Wildenloh. Die Stelle, an der der Teufel den Wald ausgerissen hatte, lief mit Wasser voll – das Zwischenahner Meer.

Es ist kein Zufall, dass es in dieser Erläuterung auch um die schöne, stolze plattdeutsche Sprache geht, ein Idiom, dem sich mein Vater lebenslang mit größter Inbrunst widmete. Sobald wir nach absolvierter Wanderung im Gasthaus einkehren, wird komplett auf Plattdeutsch umgeschaltet und mit dem Wirt und seinen anderen Gästen geplaudert. Ich verstehe zwar das meiste, kann mich aber nicht daran erinnern, jemals selbst das Wort auf Platt ergriffen zu haben – dafür bin ich zu unsicher, nicht nur, was die korrekte Grammatik angeht. Anstatt mitzuschnacken, studiere ich die markanten Charakterköpfe. Gewaltige Rosacea-Nasen, dröhnende Bässe, prachtvolle Pranken, mit denen die Leute abwechselnd ihr Frühschoppen-Jever-Pils und ihre HB-Zigaretten zum Munde führen.

Auch ich trage bald Kniebundhose und rot-weiß-karierte Oberhemden und freue mich, wenn der zurückgelegte Weg besonders lang ist. Abschließender Teil des Sonntagsrituals ist es, die erwanderte Strecke mit einem Textmarker auf der Wanderkarte einzuzeichnen, und nach der Rückkehr ins Reihenhaus setzen wir uns aufs schwarze Ledersofa und betrachten gemeinsam die mal pinke, mal gelbe Linie. Der Wanderkartenstapel liegt in Papas Arbeitszimmer, es handelt sich um eine üppige Sammlung, und manchmal greife ich auch mitten in der Woche zu einer der Karten und studiere sie.

Die Osterurlaube der Familie Boning werden generell in wandertauglichen Gegenden verbracht, etwa in der Lüneburger Heide, im Wiehengebirge oder im Harz. Von einer Ankunft nach einer Harzwanderung existiert sogar ein Super-8-Filmdokument, das ich erst nach seiner Digitalisierung als Erwachsener wiedersah. Ich bekam einen Riesenschreck, wie klein und filigran ich in dem Film agiere, als Sechsjähriger, der im Garten der Ferienwohnung eine Steintreppe hinabgeht, allerdings im selben Selbstbewusstsein wie heute, 50 Jahre später. Optisch wohnt dem Abgang kein »Hoppla, hier komm' ich« inne, es ist keine Showtreppe, die ich da hinabstolziere, eher gehe ich vorsichtig, ja linkisch, aber innerlich, oho, da brodelt die Persönlichkeitssuppe bereits über loderndem Feuer. Ich kann mich jedenfalls an alle Details des Moments erinnern – ich war damals unzweifelhaft bereits ich, und genau dieses Ich bin ich geblieben.

In einem anderen Jahr fahren wir zum Wandern in den Teutoburger Wald, aber sämtliche Geherinnerungen sind von einem besonderen Ereignis auf dem Ferienbauernhof überlagert: Ein Schaf gebiert Vierlinge – das ist auch unter Schafen selten! Der Lokalreporter kommt herbei, um ein stimmungsvolles Aufmacherbild für die Osterausgabe seiner Zeitung zu knipsen. Unter den Kindern, die mit ihren Eltern Ferien auf dem Bauernhof machen, werden vier Träger für die neugeborenen Lämmer ausgesucht, darunter ich als Nesthäkchen – ich soll das kleinste und schwächste Lamm präsentieren. So weit, so gut. Kurz vor der Fotosession stirbt das kleinste Lamm. Was tun? Um das Osteridyll nicht unnötig zu brechen, wird mir der Leichnam anvertraut, den ich tunlichst so halten soll, als wäre das Tier noch am Leben. Und bitte lächeln! Cheese!

Auch den allerersten Vorboten meiner Pubertät markiert eine Wanderung: Eines Sonntags Ende der Siebzigerjahre besuchen wir ein Hochmoor, und Papa erklärt die Eigenart eines Moorloches. »Wer hier hineinfällt«, doziert er, während er mit der Spitze seines Wanderstabes auf ein paar unscheinbar schwankende Spezialmoosnester zeigt, »kommt ohne Hilfe nicht so leicht wieder heraus.« Und während er nach kurzer Denkpause »eigentlich gar nicht« hinterherschiebt, mache ich zwei Schritte vorwärts und versinke prompt bis zum Brustkorb im Sumpf. Warum ich auf diese dumme Weise seinen Vortrag bebilderte? Keine Ahnung, außer eben, dass sich in diesem Moorloch die erste Knospe meiner Adoleszenz öffnete, eine besinnungslose Revolte gegen die Vernunft der Alten, ein kurzer Selbstfindungstrip ins nasse Nirvana.

Ich erschrecke über die Tatsache, dass man tatsächlich im Moor versinkt – und über mich. Warum habe ich das getan? Bin ich womöglich gar nicht die altkluge Leseratte mit guten Noten, sondern beherberge in meiner Persönlichkeit auch blinde, ja, blöde Flecken?

Ich erschrecke über die Tatsache, dass man tatsächlich im Moor versinkt – und über mich. Warum habe ich das getan? Bin ich womöglich gar nicht die altkluge Leseratte mit guten Noten, sondern beherberge in meiner Persönlichkeit auch blinde, ja, blöde Flecken? Womöglich wurde an diesem Vormittag der Grundstein für meine Mitgliedschaft bei »Die Doofen« gelegt, das krude Duo mit Kollege Olli Dittrich, dessen Zyklus »Lieder, die die Welt nicht braucht« in den 90ern die Charts stürmte. Und: Mag eine Wanderung auch vergleichsweise öde anmuten, so lernte ich an diesem

Tag, so kann sie mit ein paar wenigen Fehlschritten zum dramatischen Überlebenskampf werden.

Papa schaltet schnell. Er reicht mir den Knauf seines Wanderstabes, an dem ich mich festhalte, und zieht mich kreidebleich aus dem Sumpf. Unklar, wer von uns beiden der perplexere ist.

Ein kindliches Wandererlebnis mit noch größerer Dramatik trägt sich an bzw. in der Nordsee zu, vielleicht in Bensersiel. An einem heißen Sommertag habe ich mit meiner Mama eine Wattwanderung unternommen. Am Leib tragen wir lediglich Badekleidung, Proviant und Sonnencreme führt Mama in einem Beutelnetz mit. Wir befinden uns bereits auf dem Rückweg und gelangen an einen breiten Priel. Mama nimmt mich auf ihre Schultern und beginnt, das reißende Wasser zu durchwaten. Schnell steht sie bis zum Bikini im Wasser, der Inhalt des Beutelnetzes wird durchfeuchtet, und ich spüre die Panik, die sich mit jedem Schritt mehr meiner Mutter bemächtigt. Schwer keuchend weicht sie rückwärts zurück. Unschlüssig stehen wir am Ufer des Priels, Mama flucht verstohlen, und ich beginne leise zu weinen. Sie setzt mich ab, reißt mich an der Hand hinter sich her, rennt zunächst 20 Meter in die eine, dann 40 Meter in die andere Richtung am Ufer entlang. Mamas Flüche und mein Gewimmer werden lauter. Ich spüre, dass jede Sekunde zählt. Es hilft nichts, um ans Ufer zu kommen, müssen wir durch den immer schneller strömenden Fluss hindurch. Schwimmen ist keine Option, das wäre selbst für echte Cracks lebensgefährlich. Wir können nicht länger warten, müssen waten, uns mit den Füßen gegen die Strömung stemmen. Aber was sage ich »wir«? Mama muss das – ich sitze lediglich auf ihren Schultern und kralle mich an ihrem Kopf, an ihren Haaren fest. Meine Aufgabe besteht darin, nicht allzu laut zu weinen, und als wir im Wasser sind, verebbt der Tränenfluss prompt – zu gebannt bin ich von Spannung und Gefahr. Wir haben nur einen Versuch. Mama steht schief in der Strömung, kämpft sich erbittert durch die Arterie des blanken Hans. Noch zehn Meter, Mamas Mund verschwindet im Wasser. Ich halte den Atem an, greife so fest in ihre Dauerwelle, dass ich Krämpfe in beiden Händen habe. Noch fünf, ich beginne wieder zu atmen, noch drei, wir sind außer Lebensgefahr. Auf der Festlandsseite des Priels sinkt Mama auf die Knie, wir umarmen uns endlos und genießen das Leben.

Immer wieder begegne ich Menschen, die in ihrer Kindheit zum Wandern gezwungen wurden und die Gänge im Kreis der Familie als öde empfanden, als freudlose, langweilige Pflichterfüllung. Bei mir war's umgekehrt. Wandern mit meinen Eltern – da kommen mir sofort farbige, grelle, spannende Situationen in den Sinn, wahre Krimis, begleitet vom Duft einer zugequalmten Landgaststätte und dem heiseren, halblauten Palaver eines plattdeutschen Bauernstammtisches.

Mit der Pubertät ändert sich in meinem Leben vieles, aber die Lust am Wandern, am langen Fußweg bleibt eine Konstante. In meiner persönlichen Laufbahn nimmt ein Ausflug einen ganz besonderen Rang ein, eine Konzertreise nach München, müsste wohl 1985 gewesen sein. Die Punk-Jazz-Band KIXX, in der ich damals als Sänger und Saxofonist mitwirke, gastiert in der Alabamahalle. Ich arbeite als Zivi in Bremen, es ist Sommer, und in der Nacht vor dem Auftritt fahren wir im ockergelben Lada von der Weser gen Süden. Als hippe Rowdys lassen wir es uns nicht nehmen, den Sonnen-aufgang in einem öffentlichen Schwimmbad irgendwo in der Holledau zu genießen, und um ins kühle Nass zu gelangen, müssen wir einen Maschendrahtzaun überwinden (dies erwähne ich hier nur, um einen Eindruck von unserer damaligen Halbstarken-haftigkeit zu vermitteln). Das anschließende Konzert verläuft prima, wir schlafen fest, und für den darauffolgenden Tag haben wir uns eine echte Bergwanderung vorgenom-men – aus bremischer Sicht natürlich eine Delikatesse.

Nach kurzem Blick auf die Landkarte entscheiden wir uns für den Zahmen Kaiser, einen Gebirgsstock knapp hinter der Grenze an der Kufsteiner Autobahn. Bassist Willy und Trompeter Lars sehen wohl ähnlich exzentrisch und potenziell benebelt aus wie ich, jedenfalls werden wir alle an der Grenze herausgewunken und gründlich gefilzt – so war das damals üblich. Von Walchsee aus ersteigen wir den Heuberg, 1603 Meter hoch, einen unschweren Wiesenbuckel mit fantastischem Tiefblick auf den pailletten-haft glitzernden See und in die höheren Sphären des benachbarten Wilden Kaisers. Wir, in diesen Jahren an andere Methoden gewöhnt, sind schwer berauscht von der Schönheit des Abendlichts und übernachten unterm Gipfelkreuz. Ein echter Initiationsmoment: Kaum sind wir wieder daheim in Bremen, komponieren wir einen Zyklus namens »Lieder der Berge«, dessen wichtigster Titel »Cowboy Games« auf Jahre Teil unseres Repertoires ist.

Das Bergwandern und ich: Eine Liebe auf den ersten Blick. Wie praktisch, dass im selben Sommer noch einige Konzerte in der Schweiz anstehen, etwa auf dem Festival am Gasometer in Bern. Bei erstbester Gelegenheit ersteigen wir den Niesen, eine wun-derschöne Felspyramide mit Blick auf Eiger, Mönch und Jungfrau, vortrefflich aquarel-liert von Paul Klee. Der Kunstdruck mit dem mondbeschienenen Dreieck hing jahre-lang in meinen WG-Zimmern, und jetzt, da ich darüber schreibe, reift spontan die Idee, mir das Poster erneut zuzulegen.

Der Blick vom Gipfel, rüber auf die Gletscher des Berner Oberlandes, macht unseren Hunger noch größer. Wie praktisch, dass wir im selben Sommer Nüne und Goggo kennenlernen, ein Schweizer Hipsterpärchen mit Zugang zu einer Hütte bei Grindelwald, hoch gelegen, nicht weit vom Aletschgletscher entfernt. Meine Augen werden groß und größer, als wir die Hütte besuchen, ich schmelze dahin wie die Ränder des Gletschers im Sommerwind. Am nächsten Morgen inspizieren wir diese Ränder aus der Nähe, und ich bin irritiert, wie dick die anthrazitfarbene Schmutzschicht auf dem Eis ist, das doch vom Tal aus so frisch, so bläulich schimmert. Auf dem Rückweg verschlägt es Nüne auf ein Schotterband, er rutscht einige Meter ab und gerät in Panik. Goggo beruhigt seine Freundin und eilt ihr zu Hilfe, während Lars und ich stumm schluckend zuschauen. Ganz harmlos, so lerne ich auch als junger Erwachsener, ist dieses Bergwandern nicht.

> »Meine Augen werden groß und größer, als wir die
> Hütte besuchen, ich schmelze dahin
> wie die Ränder des Gletschers im Sommerwind.«

Als Zivildienstleistender unternehme ich auch meinen ersten Wanderurlaub, ohne Eltern, mit allem Drum und Dran. In Begleitung meiner Freundin fahre ich im Kleinwagen und ebensolchem Zelt in die Nähe von Bad Essen – da, wo die Norddeutsche Tiefebene von einem ersten zarten Hügelzug begrenzt ist. Hier ist schon mein Papa regelmäßig gewandert, ausgehend vom »Saurierwirt« in Barkhausen. Den Saurierwirt gibt es leider nicht mehr, er ist dauerhaft geschlossen. Seinen Namen verdankte er einigen Versteinerungsfunden vor Ort, die im Schankraum ausgestellt waren.

Wir schlagen unser Zelt im verwitterten Garten einer Schlossruine auf, werden aber nach wenigen Nächten mit einigermaßen bedauernden Worten vom Hof gebeten. In Erinnerung ist immerhin eine lange Tageswanderung, eben nach Bad Essen und zurück, ferner ein mehrtägiges Regeninferno, dem ich wiederum enorm viel verdanke. Warum? Statt zu wandern, beschließen wir nach einiger Zeit lieber ins Kino zu gehen, und der einzige Film, der gegeben wird, ist die »Nackte Kanone«, ein Sujet, über das ich bis zu diesem Tag die Nase rümpfte. Im Kino lachen wir uns allerdings scheckig, und fortan habe ich immerhin eine Ahnung, dass Comedy auch mein Leben schöner machen kann.

Klar, man kann sich natürlich
immunisieren. Voller Abenteuerlust
habe ich mich bereits vor langer
Zeit den geschilderten Gefahren
bewusst exponiert.

Womit wandern?

So alt das Gehen, so groß ist das Bestreben des Menschen, sich und sein Tun immer wieder neu zu erfinden.

So alt das Gehen, so groß ist das Bestreben des Menschen, sich und sein Tun immer wieder neu zu erfinden. Beim Reisen zu Fuß ist dies besonders augenfällig. Zügiges Gehen heißt neuerdings »Speed-Hiking«, und da ich dies schreibe, sind gewiss gleich mehrere Werbeagenturen auf der Suche nach weiteren Bezeichnungen. Rapid Feet, Forward Going, Steps ahead. Ähnlich verhält es sich mit dem wenigen, was zum Wandern für erforderlich gehalten wird. Unterschätzen wir womöglich altertümliche Ausrüstungsgegenstände, setzen allzu sehr auf die chemischen Lösungen unserer Ära? Beispiel Rucksack. Wenn man der zeitgenössischen Reklame trauen darf, ist wandern ausschließlich mit einem Traggestellrucksack aus einem Hause à la Globetrotter möglich. Nur ein meh-

> »Beispiel Rucksack. Wenn man der zeitgenössischen
> Reklame trauen darf, ist wandern
> ausschließlich mit einem Traggestellrucksack aus einem
> Hause à la Globetrotter möglich.«

rere Hundert Euro teures Modell der neuesten Generation ist in der Lage, Kleidung, Ausrüstung und Proviant in einer Weise aufzunehmen, die ein Vorwärtskommen überhaupt möglich macht. Die Verwendung von Rucksäcken, die mehr als drei Jahre auf dem Buckel haben, führt unweigerlich zu starken Rückenschmerzen, die bis in Knie, Knöchel und Kapuze ausstrahlen, zu irreversiblen Schäden, auch an den Schultern, im Beckenbereich und an den Augen. Den Augen? Gewiss! Das grelle Design vergangener Wandermoden frisst sich tief in die hilflose Retina, belastet ferner die Psyche des Betrachters und vermittelt außerdem den Eindruck, dass der Träger ebenso von gestern ist wie sein Rucksack, mithin altes Eisen, ein abgemeldeter Hans Wurst beziehungsweise eine Wurstin, fürderhin nicht ernst zu nehmen, ein Mensch, der sich ins Off befördert, womöglich auch noch ein Handy aus dem letzten Jahr mit sich herumträgt, schlimmschlimm. Da Geschmack- und Erfolglosigkeit bekanntlich ansteckend sind, heißt es für den Betrachter: Am besten beide Augen schließen und sodann nichts wie Reißaus nehmen. Hat man sich in Sicherheit gebracht und ist der optische Schock verarbeitet, gilt es verzugsfrei die Geschmackspolizei zu verständigen. Wo hat sich der Vorfall ereignet? Handelt es sich beim wandernden Gefahrenquell, oh weh, um eine Seniorin, einen Senior, einen Nonkonformisten, einen Waldschrat, allesamt Trouvaillen aus dem Spülsaum der Gesellschaft? Gefährdet nur der Rucksack die öffentliche Sicherheit, oder ist womöglich auch das Wams grell gefärbt, die Hose aus den Achtzigern, die Mütze nicht atmungsaktiv? Ganz wichtig: Spielen Sie nicht den Helden und ziehen den Modeverächter auf eigene Faust aus, sondern überlassen Sie dies den Spezialkräften der Geschmackspolizei. Fast noch wichtiger: Lassen Sie sich nie, niemals einreden, man könne auch in ollen Neon-Windbreakern vom Speicher aufbrechen! Kann man nicht, der Wind wird in diesen eben nicht gebrochen, Ihnen droht folglich der Tod durch Erfrieren bzw. Verblasung, oder doch wenigstens der soziale Tod wegen Hässlichkeit.

Das Geheimnis der roten Aktentasche

Klar, man kann sich natürlich immunisieren. Voller Abenteuerlust habe ich mich bereits vor langer Zeit den geschilderten Gefahren bewusst exponiert. Ein Spaziergang im Bergischen Land kommt mir in den Sinn, Mitte der Achtzigerjahre, kurz nach dem Besuch am Aletgletscher. Ich spielte mit meiner Punk-Jazz-Band KIXX auf den »Wuppertaler Postnuklearen Aktionstagen«, und bei mildem Abendlicht schnappten wir ein wenig Luft, ehe wir uns auf unseren Auftritt vorbereiteten. »Wir« – das sind in diesem Fall ich und zwei Mitglieder jenes Wuppertaler Künstlerklüngels, der hinter diesem ebenso mitreißenden wie hirnrissigen Festival steckte. Ich wiederum steckte in einem Leinenanzug, den ich mir wenige Tage zuvor in einem der damals populär werdenden Second-Hand-Läden gekauft hatte, pro Kilo 20 Mark, oder so ähnlich. An den Füßen trug ich spitz zulaufende Straßenschuhe aus den Fünfzigern, Aki-Kaurismäki-Style, deren Absätze allerdings so abgelaufen waren, dass die blanken Nägel in Kontakt mit dem Asphalt traten, was sie weniger nach 20 Mark denn nach Pfennigabsätzen klingen ließ, klack-klack, klack-klack.

Die beginnende Dämmerung tunkte das Weichbild der Schwebebahnstadt in leuchtendes Orange, und beim Beschlendern einer steil in das Tal der Wupper hinabführenden Straße machten wir eine atemberaubende Entdeckung: Wenn ich die Eisenstifte, die aus meinen Schuhen ragten, mit Verve über den Asphalt streifte, so wie Streichhölzer über eine Reibfläche, kam es zu opulentem Funkenflug. Eine wunderkerzenhafte Schleppe hinter mir herziehend, sorgte ich bei meinen Begleiterinnen für Ahs und Ohs, und mir wurde klar, dass auch Schuhe, deren Beschaffenheit nicht nur einer Fernwanderung, sondern schon einem kleinen Spaziergang theoretisch im Wege steht, praktisch enorme Vorzüge haben können, nicht zuletzt optisch. Als wir das Ufer der Wupper erreichten, war es fast dunkel geworden, und ich zum Funkenmariechen. Lustvoll schlurfte, schrappte ich über den Teer und fühlte mich wie der Halleysche Komet, der hellste unter den kurzperiodischen Kometen, letztmals in Erdnähe mit bloßem Auge sichtbar im Jahr 1986 – also ungefähr während der Wuppertaler Postnuklearen Aktionstage, und das nächste Mal 2061 – dauert also noch ein Weilchen. Der Halleysche Komet verliert im Laufe der Jahrhunderte an Helligkeit, was mit der Freisetzung von Gasen und Staub bei intensiverer Sonneneinstrahlung zusammenhängt – in Sonnennähe verliert er bis zu 50 Tonnen Masse pro Sekunde. Klingt nach extremer Diät, trotzdem reicht es mindestens seit der Antike für beständige, viel rezensierte Tourneetätigkeit. Meine Schuhe hingegen verloren mit jedem Ratsch neben dem Funkenschweif einige Metallspäne der hervorstehenden Nägelchen, und überdies reichlich Absatzfurnier und Sohlenkork. Und so war meine mobile Feuerwerksanlage bereits nach

Mein erster Wanderrucksack,
randvoll mit hart gekochten Eiern.

wenigen Tagen außer Betrieb und meine Kometenwanderung endete vorläufig. Ich möchte mich nur ungerne langfristig festlegen, aber sollte ich 2061 noch gehfähig sein, so werde ich rechtzeitig zur Rückkehr des Halleysche Kometen erneut Pyro-Pantoffeln anziehen und den himmlischen Vagabunden zum Duett auffordern.

Ein deutlich haltbareres Wanderutensil ist mein roter Ranzen. Nein, ich trug ihn nicht in der Schule, aber meine Kladden steckten in ähnlichen Tornistern, ehe die Firma Scout 1975 wenigstens in Westdeutschland das Ancien-Ranzen-Régime hinwegfegte. Leder galt nach dieser Wegscheide der Gepäckgeschichte als rückständig und schwer, man meinte damals, das hohe Eigengewicht der Traditionstaschen belaste die zarten Schülerrücken, und der kunstfaserige Scout versprach Abhilfe. Eine weitere Innovation dieser von der Alfred Sternjakob GmbH in Frankenthal (Pfalz) entwickelten und bis 1990 ebenda hergestellten Revolutionsranzen war die Integration von Katzenaugen in die Verschlüsse, was die Verkehrssicherheit des Trägers sichtbar erhöhte. Die klassische Aktentasche mit Trageriemen wurde mitleidlos ausrangiert wie die Dampfmaschine oder die ostfriesischen Häuptlinge.

Aber was hat die Revolution gebracht? Sind die Rücken der Scout-Träger wirklich gesünder? Verlässliche Zahlen kann ich keine finden, aber gefühlt hat heute ein jeder Rücken, auch und gerade jene, die nicht lebenslang Kraxen, Mehlsäcke und eben Lederaktentaschen mit einschneidend schmalen Trageriemchen schleppten. Eher im Gegenteil: Wer sich sein Leben lang über die Riemchen ärgert, bekommt gar nicht mit, dass die Bandscheiben vom Dreier gesprungen sind, und zwar alle. Schmerz, so lehrt das Leben, ist nur so lange spürbar, wie ihn kein stärkerer Schmerz zur Petitesse werden lässt.

Die Katzenaugen wiederum haben selbstverständlich unzählige Leben gerettet, aber heute ist ein original Lederranzen aus der Ära meiner Kindheit eine Attraktion. Wenn ich damit auf einem herkömmlichen Vorstadtgehweg spaziere, spricht sich das Unikum auf meinem Rücken zügig herum. An den Fenstern der Mietskasernen erspähe ich ältere Hausfrauen, wie sie mit Lockenwicklern im Haar ihren Freundinnen vom roten Ranzen in ihrer Straße erzählen. Katzen nähern sich vorsichtig, legen den Kopf schief, Blauracken und Eichelhäher setzen sich auf das patinierte Klappendach, Fahrradfahrer steigen ab und schieben, sobald sie meiner Aktentasche angesichtig werden, und der Motor des gemeinen Automobils wird stantepede abgewürgt, wenn ich im Lichtkegel eines Wagenlenkers erscheine. Autos, die das autonome Fahren beherrschen und sich mir von hinten nähern, bleiben sowieso stehen und verweigern für zwölf Stunden die Wiederinbetriebnahme. Doch, stimmt wirklich, Elon Musk sagt dazu bisher nichts, ich weiß, aber ich würde doch niemals lügen, schon gar nicht, wenn's um meinen roten Ranzen geht!

Dass ich mit meinem roten Ranzen nie überfahren wurde, könnte (Arbeitshypothese zwei) auch damit zusammenhängen, dass ich in meinem Wanderalltag, von gelegentlichen Ausnahmen abgesehen, autoarmen Wegen den Vorzug gebe. Alle Welt fährt heutzutage SUV, aber eben nicht auf den Wegen, für die sie gemacht sind – gut so!

Übrigens habe ich neben meiner Aktentasche, die auf dem Umschlagbild dieser Publikation prominent platziert ist, noch ein weiteres Spezialgepäckstück im Einsatz, nämlich einen Jägerrucksack von der Firma Parforce. Über ein Traggestell verfügt auch dieses Modell nicht, dafür über zwei geräumige Außentaschen sowie einen seitlichen Reißverschluss, der es erlaubt, notfalls ein komplettes Stück Rotwild so im Rucksack zu verstauen, dass seine Schalen, Geäfter und Läufe seitlich herausragen, ebenso wie Träger, Äser, Mähne, Kragen, Wedel und Brunftkugeln, während Decke, Bauch und Pinsel im Rucksack verbleiben.

Nachteilig am dichten Filzgewirk ist bei diesem Rucksack möglicherweise die Regendurchlässigkeit, und so trage ich sicherheitshalber über dem Rucksack eine zünftige Kotze, ein aus grobem Wollzeug (auch Kotzen genannt) oder Loden gearbeiteter ponchoartiger Überwurf.

Gehrock und Klappzylinder

Von der Kotze zur Kappe. Auch hier stellt sich die Frage: Sind die heute üblichen Wanderhüte ihren Ahnen tatsächlich überlegen? Ich habe die Probe aufs Exempel gemacht und einen Klappzylinder gehend begutachtet.

Läuft man sich so am Scheitel unweigerlich einen Wolf, oder ist ein Schaf, wer denkt, dass Wolle und Maulwurfsfell am Berg nichts taugen? Ein prima Testtag im März. Blauer Himmel, null Grad in Rottach-Egern, und meine Gattin Teresa bittet um Lesezeit im Panoramarestaurant. Sie fährt also per Bahn voraus. Beziehungsweise: Sie steht erst einmal an der Talstation der Wallbergbahn Schlange, und zwar eine geschlagene Stunde lang.

Ich entledige mich meines Oberhemdes; nur mein Schiesser-Doppelripp-Leibchen bleibt unterm Gehrock (Baujahr 1920). An den Beinen trage ich eine braune Cordhose, darunter ebenfalls Doppelripp. Um den Bereich zwischen Solarplexus und Kinnspitze zu wärmen, setze ich auf einen Schal aus Schießmichtot von Mama. Weiß nicht, wie das

Gewebe heißt. Ariola? Alabama? Alcantara? Meine Schuhe sind aus Leder, Handschuhe sind heute nicht vonnöten.

Auf den ersten Metern bergauf alles prima, abgesehen von den etwas zu engen Manchester-Hosenröhren. Die Wandertrasse ist zwei Meter breit, wird nach oben hin immer schmaler, der Schnee ist griffig. Parallel zum Weg verläuft die Wallberg-Rodelbahn, eine über sieben Kilometer lange Naturrutsche für Erwachsene, die am heutigen Prachttag bestens besucht wird. Die Geräuschkulisse ähnelt einem Freibad während der Hundstage. Davon abgesehen ist es still; mit jedem Höhenmeter wird die Bergeinsamkeit konturöser. Der erste Teil des Weges verläuft im Schatten, mein Temperaturempfinden registriert den üblichen Übergang von *Neutral* zu *Rotbäckchen* und weiter zu *Kernreaktor*. Nach einem Viertelstündchen vermerke ich die erste Manifestation einer Schweißtröpfchenbildung, und zwar am inneren Vorderrand der Zylinderkrempe (na ja, äußerlich wäre ja auch sonderbar. Da würde man eher auf Regentropfen tippen). Aufreizend langsam läuft der Tropfen über meine Schläfe. Ganz Detektiv, lüfte ich den Hut und stelle fest: Meine Haare sind nass wie nach einer Ärmelkanaldurchquerung. Oha! Nun kommt der Mama-Schal ins Spiel. Ich wische mein schütteres Haupt trocken und begreife, warum Schal und Zylinder in der europäischen Geschichte so oft gemeinsam getragen wurden: Der Zylinder dient als Wärmesammler, in ihm sammelt sich ein feuchtes Gasgemisch, das um Entsorgung fleht – im Ottomotor wie auf dem Herrenkopf. Doch während im Motor die Zündkerze das Gasgemisch explodieren lässt, besorgt auf dem Kopf der weiße Schal die Entsättigung. Das Hutlüften zum Gruße könnte also kulturgeschichtlich auch mit dem Kavalierstart verwandt sein: Heute lässt man den Motor aufheulen, früher präsentierte, ja offerierte man durchs Hut heben die körperliche Sammelwärme, Indiz für virile Aktivität, Tatendrang und Fitness.

Eine Lichtung. Welch schöner Tag für einen Textiltest. Ein spanischer Tourist bittet um ein Selfie. Fände mich »cool«, behauptet er auf Englisch. Das macht der Zylinder, ist klar. Ein anderer (Deutscher) fragt, warum ich den trage. »Er beherbergt eine Funkstation, über die ich Anweisungen aus dem All empfangen kann!« Er nickt ernst, ich

Nein, das ist nicht Johannes Heesters.
Und die Pfütze da unten ist auch nicht das Mittelmeer.

eile weiter gipfelwärts. Nun erhöht sich die Tropfenflussgeschwindigkeit, und zudem registriere ich Nässe am Rücken und unter den Achseln.

An zwei Passagen kontrolliere ich bewusst meine Schritte, ansonsten habe ich nie den Eindruck, mich in Lebensgefahr zu bewegen – was ja bekanntlich auch wieder ein lebensbedrohender Eindruck ist. Ich überhole sie alle: Anorakträger, Polyesterverehrer, Gore-Tex-Mexikaner, auch Skitourengeher lasse ich hinter mir, und zwar mit Genuss. Nach einer guten Stunde erreiche ich die Baumgrenze, ganz ähnlich gekleidet wie die ersten Alpinpioniere, die Erstbesteiger und dekadenten Engländer, hurray. Ich stehe im Spätschnee und freue mich des Lebens. Es gibt ja so viele Arten, sich einen besonderen Tag zu kredenzen.

Zugegeben, Teile meiner Kleidung mögen nasser sein als chemisch gestrickte Fasern, aber wer fragt schon nach derlei Kleinigkeiten, wenn er nach knapp 900 Höhenmetern solch einen Blick hinab auf den Tegernsee genießt!

Und als ich an der Bergstation meinen Gehrock zum Trocknen an die Garderobe hänge und mir die von Teresa mitgebrachte Wechselkleidung anlege, muss ich mir nichts schönreden, um zu konstatieren: Funktionskleidung ist enorm überschätzt. So wie Kohlefaser für den Radrahmenbau, Convenience Food, Castingshows, iPhone X, Flachbildschirme, dieses zwischenzeitlich neue Netzwerk, wie hieß das gleich? »Vero«, genau, ein Vorläufer von Clubhouse. Oder früher Minipli. Kann man alles genießen – das Leben lebt sich jedoch auch ohne. Jedenfalls bei gutem Wetter. Und sobald es ordentlich regnet, werden mein Zylinder und ich einen anderen Berg erklimmen.

Sollten irgendwelche Rahmenbauer, Clubhäusler oder iPhone X-User sich nunmehr unterschätzt fühlen, so biete ich einen Bußgang an. Man kann nämlich wunderbar mit sich und anderen ins Reine kommen, einfach, indem man die Mauken voreinander setzt.

Viva la Badelatsche!

Schließt sich die Frage an, wo der willige Bußgänger seine Mauken reinsteckt – in Wanderkreisen ein Dauerbrenner, was schon vom Wort her auf eine eventuelle Folge falscher Schuhwahl hindeutet. Aber es muss nicht immer ein atmungsaktives Lederfutter sein, mit *Bunion Leisten* für den Lebensraum der Großzehe, Torsionssteife mit Materialmix auf *Mesh*-Basis, Vibram Ultragrip, chromfrei vegetabil gegerbt.

Nein, in der Not frisst der Teufel Fliegen bzw. Badelatschen. Teresa ist mit den Kindern vorgefahren, ich muss eh runter zur Zillertalbahn, da könnte man auf dem Weg noch schnell einen Gipfel mitnehmen. Und da die Wanderschuhe oben bleiben sollen, gleichsam als Hütteninventar, entscheide ich mich für den Hamberg – der sieht schön rundlich aus, ohne Absturzgefahr. Müsste auch mit Plastikschlappen machbar sein. Leichte Wanderungen hat die Chirurgin mir vorgestern ausdrücklich erlaubt – und Wege, die man in Badelatschen zurücklegen kann, müssen leicht sein. Oder etwa nicht?

Wetter ok, Gewitter sind erst für den Nachmittag angekündigt. Zunächst runter zum Märzenbach, auf der anderen Seite wieder rauf. Moderate Wanderwege und Forststraßen, immer hübsch diagonal am Hang. Hui, wie die Sonne brät; mein Wasserbedarf ist hoch. Praktisch, dass Bäche hier häufig sind und ich so unbefangen durchstiefele wie sonst selten. 800 Höhenmeter geht es bergauf, ehe der puppige Weg einer leichten Kletterei weicht. Große, trockene Gesteinsbrocken, auf denen man schlecht ausrutschen kann. Nach drei Stunden stehe ich oben, 2000 Meter und ein paar Zerquetschte, und Teresa ruft an und berichtet von der Kinderspielgruppe, in der beim heutigen ersten Pandemie-Treffen draußen im Park diskutiert wurde, ob man die Zweige, die ein Kind angefasst hat, desinfizieren muss, ehe sie ein anderes Kind angrapscht. Das hierfür zuständige Hygienekonzept geht auf dieses Detail nicht ein, was eine Mutter für einen beklagenswerten Mangel hält. Und so beschließt diese besonders umsichtige Frau, die Spielgruppentreffen zukünftig zu meiden, zumal andere Kinder (unsere?) offenkundig nicht erfolgreich dazu erzogen wurden, Abstand zu halten. Das sei eine Frage der Solidarität, und wer seine Kinder einfach gewähren lasse, mindestens ein Egoist, wenn nicht sogar ein Hallodri.

Ich studiere derweil die Westseite des Hamberges, balanciere dabei unsicher über den alpinen Schutt. Problem: Diese Seite ist weit steiler als jene, auf der ich hinaufgekommen bin. Über mir ballen sich Gewitterwolken. »Tschüss, ich komme so schnell wie möglich. Muss nur eben runter zum Bahnhof!« Aber wie? In kleinen Tippelschritten suche ich nach Halt, gerate immer wieder ins Schlittern. Glatter Fels passt nicht zu Badelatschen. Wenn ich falle, so nehme ich mir vor, dann bitte nicht unbedingt auf die frische Wunde. Ich bin nämlich erst vor zwei Tagen am unteren Rücken operiert worden, eine Zyste wurde erfolgreich entsorgt. Vor Sport in diesen Tagen warnte die Chirurgin mich ausdrücklich, aber wahrscheinlich meinte sie Sport im engeren Sinne, also Geräteturnen, Stabhochsprung und Kleinkaliber liegend. Denn, so ergänze ich den Hinweis der Ärztin: Nur gut durchblutete Wunden heilen schnell. Ich bin dran.

In der Ferne donnert's, und leider kommt diese Ferne schnell näher. Unter mir sehe ich den Ort Fügen, die Häuser unangenehm klein. Ritsch: Ein Stock bohrt sich von unten durch die Sohle, schleicht sich an meinem Mittelfuß vorbei, reißt dann ein Loch ins Obergewebe. Uff. Gut, dass ich unverletzt geblieben bin (womöglich ist der Stock nicht einmal desinfiziert).

Bemerkenswert: Auch der andere Schuh löst sich auf, an gleicher Stelle wie sein Kollege, aber ohne Stockschuld. Vielleicht ist sie das, diese berühmte Sohlidarität! Du gehst kaputt, ich geh mit – man kann meinen Badeschlappen viel vorwerfen, aber keinen Egoismus.

Zum Barfußlaufen ist das Terrain leider auch nicht der wahre Jakob, also weiter in den Schuhruinen. Handy ist fast leer. Große Tropfen platschen aufs Display, als ich die Karte konsultiere. Um eins esse ich den lächerlich kleinen Brotknust, den ich als Verpflegung dabei habe – ansonsten ist der Rucksack prall mit Hüttenmüll gefüllt. Aahhh … einen ganzen Meter rutsche ich auf feuchtem Waldboden, ehe ich die Kontrolle wiedererlange, eine von sieben veritablen Rutschpartien. Besser veritabel als vertikal, keuche ich, und bitte den Sensenmann (immer in Sichtweite dabei) um Geduld. Schließlich stoße ich auf eine gepflegte Forststraße, woraufhin er mit wegwerfender Handbewegung abdreht. Womöglich ist er auch aus Zucker, denn bald darauf kracht und blitzt es wie im Bilderbuch. Und jetzt, Freunde des Starkstroms, könnten meine Schuhe vom Sicherheitsproblem zum -garant werden. Gummi isoliert doch, der Blitz kann mich mal!

Und nach fünf Stunden insgesamt für 20 Kilometer Weg sitze ich im Zug, badeschlapp, aber frohgemut, fahre heim und entsorge mein Schuhwerk noch am Hauptbahnhof. Danke, liebe Latschen.

P.S.: Noch am Abend des selbigen Tages bahnt sich ein krachender Shitstorm an, bedrohlich wie das geschilderte Gewitter. Sämtliche Sektionen der österreichischen Bergwacht scheinen meinen Bericht auf Social Media gelesen zu haben und äußern sich nicht amüsiert: »Das sind genau die Piefkes, die wir hier nicht haben wollen!« Gleichsam als Regenjacke, in die ich mich hülle, appelliere ich an alle, womöglich noch schwankenden Leser: Was ich tat, war unvernünftig und gefährlich. Darum gilt: Nicht nachmachen!

P.P.S.: Wiederum drei Stunden später. Noch immer schwingen die digitalen Zeigefinger, dröhnt mir das Du-Du-Du in den Ohren, und ein gewisser Trotz hat sich meiner bemächtigt. Glaubt ihr wirklich, ihr Bergretter alle, ich würde euch im Falle eines Falles konsultieren, mit Badelatschen an den Mauken? Nein, das wäre mir dann doch unangenehm. Auf allen vieren kröche ich den Hamberg hinab, schon um die wohlverdiente Gebühr für den Helikopterflug zu sparen. Aber es gibt auch ein Zuviel der gut gemeinten Warnungen, und in mir keimt die Idee, dereinst in Flipflops über die Alpen zu schlendern, oder doch wenigstens mit Stöckelschuhen auf die Zugspitze. Und ihr werdet mich nicht daran hindern können, ihr mediokren Maßregler, ihr Spaßbremsen, ihr!

Guten Rutsch

Auf die Idee des Stöckelschuh-Grenzgangs werden wir noch zurückkommen. Als Kind besaß ich Gleitschuhe, ein heute ausgestorbenes Verkehrsmittel. Es handelte sich um eine bzw. zwei größenverstellbare Metallplatten, die unterm Schuh festgeschnürt werden konnten, und die bereits mit den ersten spätherbstlichen Nassschneefällen zum Einsatz kamen. Für uns Kindergartenkinder war das Glitschen und Gleiten eine perfekte Erweiterung des Bewegungsrepertoires, mit jedem Schritt konnte neues Terrain erglitten werden. Es ist mir völlig unverständlich, warum es keine Gleitschuhe mehr gibt. Auf Schlittschuhen mag man rasanter unterwegs sein, aber man benötigt blankes Eis, und zugefrorene Gewässer gibt es immer seltener. Für die Schulung des Gleichgewichts sind Rutschpartien, egal welcher Art, in jedem Fall förderlich.
Ich mag Grundschüler gewesen sein, als ich das erste Mal den Begriff »Eisregen« hörte,

> »Ich mag Grundschüler gewesen sein, als ich das erste Mal den Begriff ‚Eisregen' hörte, und bis heute sind mit ihm die wärmsten Glücksgefühle verbunden: Eisregen, das bedeutete nämlich schulfrei, hurra!«

und bis heute sind mit ihm die wärmsten Glücksgefühle verbunden: Eisregen, das bedeutete nämlich schulfrei, hurra! Eisregen ersparte uns Gören das Anlegen der Gleitschuhe, man konnte auf ganz normalen Schuhen um die Wette rutschen. Im Laufe der Jahre mischte sich in die ursprünglich ungetrübte Freude immer mehr Nervenkitzel, und spätestens mit dem Erwerb des Führerscheins wurde der Eisregen vom Freund zum Endgegner. Dem glitschigen Fiesling kann man als Fußgänger auf dreierlei Art begegnen: Erstens mit der Erhöhung der Haftreibung durch Kreppsohlen oder Spikes. In jedem Baumarkt gibt es für mittelkleines Geld das, was der Alpinist »Grödel« nennt, nämlich Schneeketten mit Gummizug für die Schuhe. In die Ketten sind stählerne Haifischzahnzacken integriert, die in den Schnee bzw. in das Eis greifen. Solche Miniatur-Steigeisen erfüllen ihre Funktion tadellos und lassen sich bei Tauwetter in einem mitgelieferten Säckchen aufbewahren. Wem die Grödel zu massiv auftragen oder zu indiskret die Gleichgewichtsprobleme des Trägers verraten, der kann auch zu Schuhen greifen, in deren Sohlen bereits Spikes integriert sind – früher nannte man derartige Modelle Nagelschuhe. Diese Spezialtreter ähneln jenen Schuhen, mit denen ich damals in Wuppertal Funken stieben ließ, nur eben sportiv, bewusst benägelt und ominöserweise funkenfrei. Ich persönlich habe nur beste Erfahrungen mit dem Modell »Blizzard GTX« gemacht, einem Trailrunningschuh aus dem Hause La Sportiva, kann mir aber gut vorstellen, dass ein versierter Schuster auch Schuhe mit Spikes ausrüsten kann, deren Sohlen traditionell eher nagelfrei daherkommen, Sneaker, Moonboot, Louboutin.

Die zweite Möglichkeit, den Gefahren des winterlichen Ausrutschens zu begegnen, ist das (zusätzliche) Anlegen brauchbarer Schutzkleidung. An erster Stelle denke ich an Handschuhe, sodann an steife Hüte oder wuchtige Wollmützen für jene, denen ein Helm gar zu sicherheitsbedürftig wirkt. Als Alternative, etwa für Freunde überhoher Bienenkorbfrisuren, bietet sich auch ein Airbag an, der eigentlich für Fahrradfahrer konzipiert wurde und als Halskrause getragen wird – wenn denn die Bienenkorbfrisur nicht sowieso höchstselbst ausreichend Schutzwirkung entfalten sollte. Knie- und Ellenbogenschoner sowie Rückenprotektor lassen sich bei entsprechender Kleidergrößenwahl auch unterm Nadelstreifenanzug tragen, und für die ganz Vorsichtigen ist eventuell auch ein Kissen als Gesäßschutz hilfreich.

Für die allerbeste Lösung halte ich jedoch meinen Vorschlag Nummer drei: Grips statt Grip. Man besinne sich auf die Weisheit des Kindes, gehe gerade nach frischen Eisregenfällen hinaus an die frische Luft und entdecke die ungeahnten Möglichkeiten. Volle Konzentration und vorwärts Marsch. Inspiriert vom Skilanglauf kann man sein Heil in der Skatingtechnik suchen oder im klassischen Diagonalschritt, womöglich schlittert es sich aber auch am besten seitwärts oder unter Zuhilfenahme des Hosenbodens. Solange man motorisch nur zu wenigen Momenten kontrollierten Gleitens in der Lage ist, sollte man diese Fähigkeit auch nutzen, nicht nur weil es Spaß macht, sondern auch wegen seines Präventionspotenzials. Bewegungserfahrungen wie das Gleiten schulen das Gleichgewicht und schützen somit vor dem einen oder anderen lästigen Oberschenkelhalsbruch in einem anderen Spätherbst, nämlich dem des Lebens.

Rutschen kann man auch in der warmen Jahreszeit, beispielsweise im Schotter des Hochgebirges. Die Schuttbänder an den Hängen der Zugspitze etwa sind vorzüglich dafür geeignet, vom Fußgänger nach Art der Skifahrer im Schuss hinabgeglitten zu werden. »Musikmachen« lautet hierfür der Fachbegriff in der lokalen Sportlergemeinde. Tatsächlich ist die Übung weniger halsbrecherisch als manch Flachlandtiroler denken mag. Nachteilig ist jedoch der hohe Verschleiß des Schuhwerks. Nur wenige »Musikstücke«, und die Treter sind hinüber.

Eine wunderbare Sommerrutsche sind auch nasse Wiesen, vom schmierigem Laub ganz abgesehen. Merke: Flutschfördernde Umstände sollten uns niemals zum Stubenhocken zwingen, im Gegenteil! Lasst uns alle wieder zu Dreikäsehochs werden und jauchzend die Chausseen hinuntergleiten, ob mit Popopolster oder ohne.

Wer die Sache weniger kindlich, dafür so richtig professionell angehen will, der kann im Winter seine Wanderschuhe durch Schneeschuhe oder Tourenski ersetzen. Allen unkundigen Flachländern sei erklärt: Hüfthoher Schnee kann zu tiefem Einsinken des Wanderwilligen führen und das Vorwärtskommen selbst auf den bewährten Gleitschuhen unmöglich machen. In einem solchen Falle sind Schneeschuhe oder Tourenski die bessere Wahl.

Schneeschuhe mögen auch die Bewohner der norddeutschen Tiefebene bereits gese-

> **»Lasst uns alle wieder zu Dreikäsehochs werden und jauchzend die Chausseen hinuntergleiten, ob mit Popopolster oder ohne.«**

hen haben, etwa im Kintopp. Prominent getragen werden sie z. B. in »The Trap« von 1966 (Deutsch: »Ruf der Wildnis«), mit Rita Tushingham als Waisenmädchen, das dem schneeschuhtragenden Trapper (gespielt von Oliver Reed) mithilfe eines Fuchsschwanzes und einer Buddel Whiskey ein Bein amputiert.

Zügiger noch kommt der (zweibeinige) Winterwanderer auf Tourenski durch den Tiefschnee: Spezielle Holzlatten, deren Unterseite bergauf mit einem Fell beklebt werden, welches den Tourengänger am Zurückrutschen hindert. Bergab werden die Felle im Rucksack verstaut, und los geht die rasende Fahrt, jedenfalls theoretisch. Praktisch gibt es bei dieser Fortbewegungsart die unterschiedlichsten Herausforderungen zu bewältigen, von denen die Lawinengefahr nur eine ist. Meine Tourengängerkarriere ist fürs Erste abgeschlossen, ich halte mich für ungeeignet, bin grundsätzlich überfordert. Hier ein kleiner Rückblick:

Die letzte Skitour meines Lebens

… führte mich in die bayerische Staatsoper. Nachdem ich noch morgens am Kleinen Pfuitjoch gescheitert war, erstieg ich hier immerhin den höchsten Rang. Diese Tour auf das Kleine Pfuitjoch begann um 9 Uhr mit der Zugankunft in Lähn, Tirol. Ich treffe dort Sohn Cyprian, der seine Semesterferien genießt. Felle unter die Skier und los. Gestern hatte ich extra ein Paar neue Tiefschneebänder besorgt – dabei handelt es sich um eine Textilverbindung zwischen Ski und Hosenbein, damit das teure Sportgerät, wenn man denn fällt und sich die Bindung öffnet, nicht im Tiefschnee bergab saust und für immer verschwindet.

Braucht man im Aufstieg ja eher nicht, solche Tiefschneebänder, aber ich befestige sie Cyprian beim ersten Stopp an der Hose. Lawinengefahr gering, dafür ist der Schnee zu Eis komprimiert. Immerhin geht's ohne Harscheisen hoch.

Ich habe das Pfuitjoch ausgewählt, weil es in einem toll bebilderten Buch als »einfach« bezeichnet wird. Auf dem Weg durch den Bergwald frage ich mich aber immer

Noch bin ich voller Zuversicht,
noch hat mein Sohn beide Skier an den Füßen.

wieder, wie ich denn hier wieder runterkommen soll? Zwischen »einfach« und »baby-eierleicht« scheint es noch mal Unterschiede zu geben. Meines Zeichens Oldenburger, also Flachlandtiroler, habe ich Skifahren erst am Auerberg erlernt, als meine im Ostallgäu gebürtigen Zwillinge Cyprian und Leander ihre ersten Glitscherfahrungen sammelten und dabei von mir beaufsichtigt werden mussten. Da war ich schon 35. Sind mir immer suspekt geblieben, die langen Latten, wobei die Angst mit den Jahren eher größer wird. Zum Beispiel vor engen Waldpisten und steilen Eisflächen.

»Das Gelände lichtet sich,
das Ziel wird sichtbar.«

Cyprian hat mit Angst kein Problem, allerdings mag er die flattrigen Tourenski auf der Abfahrt nicht sonderlich. Einstweilen verdränge ich alle Sorgen und stiefele flott bergauf. Das Gelände lichtet sich, das Ziel wird sichtbar. Eine Handvoll Tourengänger steht oben am Grat. Ich muss um halb fünf wieder in München sein, Söhnchen Theo beaufsichtigen, während meine Gattin zur Korrepetition in die Oper darf. Kurzes Durchrechnen: Das wird knapp (vor allem schüchtert mich die Aussicht auf die Abfahrt ein). Cyprian schlägt vor, wenigstens eine Anhöhe rechts anzusteuern. Ich folge erst, dann scheue ich, biege links ab. Weiß gar nicht, wo ich hinwill. Traversiere einen steilen Hang. Unten stehen drei alte Hasen und schauen mir zu. Was macht der Mann da oben?, fragen sie sich. Schneebrettgegend. Angst. Als ich wieder ebeneres Gelände erreiche, lege ich dieses als meinen Endpunkt fest. Wo ist Cyprian? Ich sehe ihn nicht mehr. Mein Telefon klingelt, er ruft an, hat ein Problem: Die von mir am Hosenbein festgeknoteten Tiefschneebänder gehen nicht runter, passen nicht über die Schuhe. Der Knoten sitzt zu fest. Au weia; mein Fehler. Nach kurzem Beratschlagen rege ich an, die Schuhe auszuziehen, die Bänder abzustreifen, Schuhe wieder an, Felle runter, zu mir kommen. Aufgelegt. Jetzt erspähe ich ihn, am steilen Hang seitlich über mir: Hoffentlich passiert nichts beim Schuhe ausziehen. Wenn ein Schuh runterpurzelte: Das wäre mehr als blöd.

Derweil esse ich einen Riegel, ziehe mich um und mache mich klar zur Abfahrt. Cyprian kommt, uff. Dann los. Nach fünf Metern falle ich voll auf die Schnauze. Der Schnee fühlt sich an wie Beton und meine Schulter jetzt wie Schneematsch. Zweiter Versuch. Dramatische Lenkuntüchtigkeit gepaart mit blanker Panik. Schneller Entschluss: Ski tragen, zu Fuß bergab. Zu meinem Erstaunen entscheidet Cyprian ebenso. Und so trotten wir runter zur Baumgrenze.

Am Waldrand kommen uns zwei Tiroler entgegen. Worte der Ermunterung. »Dass man oben nicht fahren kann, ist nachvollziehbar, aber im Wald ist der Schnee angetaut – versucht's amoi, immer a bisserl rutschen, um die Bäume, wieder rutschen …« Ich deklamiere etwas zu dramatisch: »Ich bin zu schlecht!«, dann stiefeln wir weiter. Tatsächlich: Der Schnee ist hier angetaut, mit jedem Schritt sackt man bis zum Knie ein, manchmal gar bis zur Hüfte. An einer Lichtung entscheiden wir uns daher um: Ski an. Knapp verfehle ich im unfreiwilligen Schuss eine Fichte. Nö, Schluss jetzt. Ski runter, wieder tragen. Lieber sacke ich bis zum Brustbein ein, entscheide ich wütend. »Tuuut«, höre ich unten meinen Zug nach München davonfahren. Jetzt bin ich so richtig sauer, ackere mich durch Frau Holles Hinterlassenschaft, fluche darüber, dass ich mich immer wieder von den schicken Fotos in Skitourenführern becircen lasse. Nie wieder! Ab jetzt nur noch Schneeschuhe – damit kann ich besser umgehen.

Als ich nur noch 100 Höhenmeter über unserem Ausgangspunkt stehe, verliert Cyprian einen Ski, der sich im Schuss über einen kleinen Gegenanstieg davonmacht und nicht mehr entdeckt wird. Aus Zeitmangel entfällt die Suche. »Nimm meine! Ich brauche sie nicht mehr!«, sage ich theatralisch (ich muss ja zur Oper), falle auf dem letzten Stück noch einige Mal hin. Richtig schlechter Slapstick – ein würdiges letztes Mal.

Die gemeinsame Einkehr fällt aus, Cyprian fährt mich stattdessen mit Höchstgeschwindigkeit in die Stadt Füssen, dort steige ich in einen Zug, der mich pünktlich nach München bringt. Die letzten 30 Höhenmeter ins Dachgeschoss der Oper zähle ich zur Tagesleistung dieser meiner letzten Skitour einfach mal hinzu. Ich absolviere auch den folgenden Abstieg unverletzt. Immerhin. Wie schrieb Rilke, sinngemäß? »Wer spricht von Skifahren? Überleben ist alles.« Ach ja: Auf der Maximilianstraße, vor »Dolce & Gabbana« werde ich von einer eleganten älteren Dame für meinen »mutigen Look« gelobt. Haha, das baut auf.

Zugegeben: Sollte der Eindruck entstehen, meine Lust am Scheitern sei monumental, so ist dieser nicht gänzlich falsch. Aber auch das vollendete Werk, die gelungene Komposition, das tatsächliche Ankommen am ersehnten Ziel ist mir eine Freude. Verlassen wir beleghalber die Bretter, die die Welt bedeuten (Theater- und Tourenskifans interpretieren diese Bezeichnung unterschiedlich), bleiben aber beim gemeinsamen Baustoff: (bitte umblättern)

Willkommen in der Holzklasse

Meine liebsten Schuhe sind aus Holz. Ich trage sie schon eine zweistellige Zahl an Jahren mit mir herum, bin viel in ihnen unterwegs gewesen – zumeist jedoch Kurzstrecken. Wie ist ihre Eignung zum Fernwandern? So lange, wie ich sie besitze, so lange träume ich davon, endlich auf Holz zu klopfen und loszulegen (da fällt mir auch schon ein grandioser Vorteil dieses Schuhwerks auf: Die vielen hölzernen Wortwitze, die sich aufdrängen. Gut Holz!) Drunter trage ich die dicksten Socken, die mir die begnadete Heike Zucker, meine exklusive, langjährige Sockenlieferantin, je gestrickt hat.

Im Alltagsgang fühlt sich in dieser klobigen Kombi alles recht gut gefedert und bequem an. Was aber passiert, wenn ich das Gehtempo erhöhe, auf sechs bis acht km/h? Oder sogar ins Joggen verfalle?

6:30 Uhr: Testgang-Start am Romanplatz in München-Nymphenburg. Die ersten Meter sind bekanntlich die wichtigsten. Ich horche in meine großen Zehen hinein, die mit jedem Schritt dezent an den Schuhbug stoßen. Könnte ein Problem werden. Ließe sich eventuell ausfeilen, dieser Bereich.

6:33 Uhr: Das Abrollverhalten ist, äh, eingeschränkt.

6:36 Uhr: Der Puls ist etwas höher als sonst, bei leicht reduziertem Tempo. Die Zehen krallen aktiv mit, wie in Gymnastiksandalen. Das gilt gemeinhin als gesund, erhöht andererseits den Energiebedarf.

6:50 Uhr: Nymphenburger Park, Kapuzinerhölzl. Schabegefühl an den Fersenaußenseiten. Ich überlege, ob jener Bereich entscheidend ist, an dem Druckstellen auftreten. Dort hinten müssten Blasenpflaster leidlich haften. Oder reichen enge Skitouren-Socken, die unter den dicken Heike-Socken getragen werden?

6:54 Uhr: Ich sehe mich in Holzschuhen durch London trampeln, durch Paris & New York. Krieche über den Platz des himmlischen Friedens, mit brennenden Schuhen. Genau, mit Holzschuhen erfriert man nicht so leicht, wenn Feuerzeug und Zunder zur Hand sind.

6:55 Uhr: Jetzt reibt es auch innen/unten, wie in nicht sitzenden Skischuhen.

6:57 Uhr: Passant guckt angestrengt weg.

7:01 Uhr: Es schubbert erheblicher als ursprünglich vermutet. Egal, vielleicht sollte ich mich einfach für einen Volkslauf anmelden, die Holzschuhe bis dahin nicht mehr tragen und vor Ort schauen, was passiert? So wie damals, beim 24 h-Schwimmen, in dessen Rahmen ich untrainiert immerhin 28 Kilometer zurücklegte, ohne bleibende Beschwerden? Ging da ja auch. Früher war alles aus Holz!

7:09 Uhr: 6,2 Kilometer in knappen 40 Minuten. An der Socke zeichnet sich innen/unten ein feuchter roter Fleck ab. Ich verwerfe die Idee des Tempoholzens. Jeder Schritt fühlt sich ungesund an. Vorsichtshalber gehe ich den Rest betulicher nach Hause und diktiere den folgenden Text der Spracherkennung meines Handys:

Zweiter Holzschuh Wahn der Test nachdem ich immer Frühjahr Mainz aller erstes blutiges Experiment abgebrochen. Heute probiere ich Essen mit einer Komm Biene Lotion aus Skitouren Socken und Spatzen angefertigten dämpfenden Wollstrümpfe von Heike Zucker die diese Sockenstrickexperten unterseitig mit Latex Farbe Rutsch Fest gemacht hatte. Wichtigste Erkenntnis: bei niedrigem Tempo wird sich die Stoßbelastung des

Mein Tageshöhepunkt: Das Erklimmen des obersten
Ranges in der Bayerischen Staatsoper

harten Holz ist weniger gravierend aus. Also bin ich heute Motorrad unterwegs: gemessenen Schrittes zum Schlosspark, Hein und zurück. Bequemes Laufgefühl, Aller Dingsbumms registriere ich App Kilometer erhebliche Hitzeentwicklung unter den Fußball. Erwägenswert, die Holzschuhe um Schuheinlagen zu ergänzen, und zwar Mach Möglich Kalt Kühlende. Kann ich noch nicht absehen, ob die heißen Fußballen Lady Licht Ausdruck spät Römische Dekadenz sind, oder auf eine großflächige Ablösung der Lederhaut. Letzteres würde eine fair Schiebung erzwingen und mein Experiment in den Winter, ob ich Phil oder nicht.

P.S.: Daheim. 11 Kilometer in 1:53 Stunden – neue persönliche Bestleistung im Holzschuhwandern. Die Fußsohlen sind gereizt, werden sich aber in Kürze erholt haben. Die Diktierfunktion erfüllt ihren Zweck ähnlich wie ein Holzschuh: Leidlich, sagt man wohl. Nein, ich war nicht »Motorrad« unterwegs, sondern »moderat«. Ob ich mich der Spracherkennung fürderhin regelmäßig anvertrauen soll?

Tage später: Recht bequeme 12 Kilometer in Holzschuhen. Bei Görtz im Kölner Hauptbahnhof beriet mich eine junge Fachverkäuferin bezüglich Einlagen. Meinen mit fester Stimme deklamierten Begrüßungssatz »Ich möchte in Holzschuhen von Köln nach Düsseldorf laufen«, quittierte sie nicht etwa mit Irritation oder Nachfragen, à la, was ich denn in der »verbotenen Stadt« wolle, wie man in Köln zu frotzeln pflegt. Stattdessen zauberte sie sogleich zwei Modelle auf den Ladentisch, unter denen ich das flachere auswählte und erwarb. Unterseits ist das Gehgefühl nunmehr angenehm, oberseits fehlt noch etwas Polsterung. Ich klebte mir große Heftpflaster auf die Füße, was aber über die Dauer eines Tages (ich rechne inzwischen mit 8 Stunden Gehzeit für die Strecke von Hauptbahnhof zu Hauptbahnhof) nicht ausreichen wird. Ein zusätzliches Schaumstoffelement wäre gut, oder wenigstens zerknüllte Taschentücher. Mein leichter Hallux Valgus zeichnet sich nunmehr als neue Schwachstelle ab – die vorstehende Ecke kann eventuell mit einem Blasenpflaster gepolstert werden.

Der Testgang führte vom Savoy-Hotel durch die Innenstadt zum Studio 34 in Ossendorf, wo heute unter anderem die 250. Ausgabe von »Genial Daneben – das Quiz« aufgezeichnet wurde. Und es macht immer noch Spaß! Welch ein Geschenk, mit alten Freunden Quatsch machen zu dürfen, sportlich zu rätseln und das Vergnügen auch noch bezahlt zu bekommen. Natürlich behielt ich meine Holzschuhe in den Shows an, was für großes Hallo sorgte.

Ich liebäugele damit, am Sonntag auf Wanderschaft zu gehen. Oder ist es schlauer, das angekündigte warme Wetter zum E-rollern zu nutzen und die Wanderung um eine Woche zu verschieben? Sehr wahrscheinlich, dass meine Haxen nach dem Gang ziemlich malad sind …

24. Juli 2019 – der große Tag ist da! Ich komme in jedem Fall an! Dies deklamiere ich innerlich nachts um halb drei, nachdem ich plötzlich hellwach bin. Im Traum wurde ich von einer mit niederländischem Akzent sprechenden, wandernden Stieleiche nach der Ernsthaftigkeit meiner Ambition befragt. Ich komme an, weil ich ja notfalls die Holzschuhe ausziehen und tragen kann. Die Eiche, offenbar mein Coach, nickt und ergänzt: »Tragestrecken gibt es auch bei Radrennen, also mitnichten eine Schummelei«. Mit diesem Baumtraum steht mein Entschluss fest: Ich werde jetzt aufstehen und das Ding durchziehen. »Das Ding« ist die von mir lang erträumte, viel begrübelte Holzschuhweitwanderung.

> Im Traum wurde ich von einer mit niederländischem Akzent sprechenden, wandernden Stieleiche nach der Ernsthaftigkeit meiner Ambition befragt.

Meine formidablen blauen Klompen sind jene Schuhe, die ich am längsten in Gebrauch habe, und ihr Erwerb liegt zu lange zurück, als dass ich mich dran erinnern könnte. Vielleicht Ende der 90er, in den späten RTL-Samstag-Nacht-Zeiten, als ich ins Allgäu gezogen war und die Gartenarbeit robuste Treter erforderte.

Ich rekonstruiere nochmals den sportspezifischen Klapperweg bis hierher: Der erste unbefangene Testlauf endete schon nach einer halben Stunde in einem buchstäblichen Blutbad, dem eine wochenlange Regeneration folgte. Die weiteren Tests absolvierte ich mit stark verlangsamtem Tempo, quasi im Schongang, experimentierte mit verschiedenen Socken/Einlage-Kombinationen und kam der Sache so näher.

Allerdings: Nach 10 Kilometern begann es bei jedem Testlauf irgendwo zu drücken, mal unterseits, mal am Spann, mal außen oder an den Zehen. Man konnte lediglich Einfluss darauf nehmen, wo der Fuß zuerst schmerzte, und auf Erfahrungen jenseits der 12-Kilometer-Marke verzichtete ich in Gänze – vielleicht, weil mich allzu geschundene Füße demotiviert hätten. Überhaupt beließ ich es bei wenigen Vorbereitungsgängen. Gewisse Unternehmungen lassen sich eben nicht vorbereiten, zumal man Holzschuhe kaum »einlaufen« kann. Eine Formveränderung der Klompen erfordert Säge und Schmirgelpapier oder doch wenigstens eine Handvoll fleißiger Holzwürmer.

Also raus aus den Federn, einen Kaffee und das Fußwerkzeug präpariert: In die Treter platziere ich sehr dünne Ledersohlen, mit Kork beschichtet, und als Socken wähle ich sehr enge Tourenskistrümpfe. Als »Innenschuh« soll ein Wollsockenpaar dienen, das die Spezialstrickerin Heike Zucker angefertigt hat, unterseits mit einem dünnen Latexanstrich rutschfest gemacht. Eine volle Packung Blasenpflaster stecke ich in die Jacke, zwei Trinkflaschen ins Radtrikot. Strohhut; es soll warm werden. Drei Riegel, ein Apfel.

Start um 3:30 Uhr. Auf nach Düsseldorf! Los geht's am Hotel Savoy in Köln, beim Hauptbahnhof. Ich pette nordwärts, passiere junge Feierbiester im Eigelstein-Viertel. Zoo. Amsterdamer Straße. Ich klappere mich nach Norden. Früher klapperten die Klompen schlimmer, da hätte ich die ganze Nachbarschaft geweckt. Dann ließ ich beim Schuhmacher Sohlen unterkleben, sündhaft teuer, aber wirksam. Gehe ich zu schnell, zu langsam? Ist es eventuell schlau, nicht gar so langsam zu schreiten, um die Füße dem Wahnsinn nicht allzu lange auszusetzen? Nein, wahrscheinlich kann ich gar nicht langsam genug gehen. Offene Wunden und Stressfrakturen könnten einen Abbruch erzwingen, und beides lässt sich nur vermeiden, wenn ich meine Füße mit Samthandschuhen anfasse, um das denkbar unpassendste Bild zu bemühen.

»Nietzsche sagte: ›Lieber eine Feindschaft aus ganzem Holz als eine geleimte Freundschaft‹, und stumm schluckend konstatiere ich, dass die Feinde an meinen Füßen aus einem Stück gefertigt sind.«

Niehler Hafen, blaue Stunde. Ich genieße den gut sortierten Morgenhimmel und sage mir etwas oberlehrerhaft, dass es auch heute nicht nur um den Sport gehe, sondern auch um die Schönheit der Schöpfung. Dann klopfe ich im Geiste einige Äste und Zweige des klassischen Zitatenschatzes auf ihre Anwendbarkeit auf mein Vorhaben ab. Nietzsche sagte: »Lieber eine Feindschaft aus ganzem Holz als eine geleimte Freundschaft«, und stumm schluckend konstatiere ich, dass die Feinde an meinen Füßen aus einem Stück gefertigt sind. Ein Sprichwort lautet: »Es fehlt der Welt noch an Münz, Holz und guten Freunden«. Ich bin dran. Und schließlich sagte Ralph Boller: »Der Dienstweg ist leicht zu finden: Er verbindet die Sackgasse mit dem Holzweg.«

Wo ich mich befinde, ist einstweilen klar: Vor mir befinden sich die Fordwerke Merkenich. Die Bäckerei hat noch zu, und so esse ich einen Riegel, trinke Wasser und horche in meine Haxen hinein. Ja, da ist bereits etwas, nach kaum 10 Kilometern. Mittig unterm linken Ballen. Rechts auch, oben am Spann, aber das ist »normal«, wie ich von meinen Vorbereitungsläufen weiß. Testhalber schlüpfe ich aus den Schuhen und gehe ein paar Meter sockfuß. Oho, das verschafft Abwechslung und fühlt sich angenehm gesund an. Darauf werde ich zurückkommen, später, wenn dem Fuß danach ist. Unter der Leverkusener Autobahnbrücke hindurch laufe ich auf der alten Römerstraße. 14 Kilometer sind rum, also ein Drittel der etwas über 42 Kilometer langen Strecke. Terra incognita, so weit hab ich's noch nie gebracht. Oder besser: Lignum incognitum – unbekanntes Holz.

Es ist hell, der Weizen reif. Zeit für ein Porträtfoto meiner Klompen. Wer weiß, ob ich das Bein nachher noch zum Posieren hochschwingen will. Die Apollo-Mission wagte sich auf den Mond, meine Lignum-Mission führt mich ins Eingemachte. Grundlagenforschung, genau wie bei der NASA, nur, dass meine beiden Raumschiffe bedeutend billiger sind.

Aua. Vor allem links scheint sich ein ernsthaftes Problem anzubahnen. Was entsteht da? Eine riesige Blase, vom Zehengrund bis in die Mitte des Fußballens? Die immer deutlicheren Kontakte der breitesten Fußpartie mit dem Holz sind vergleichsweise unwichtig. Seltsam vor allem, dass sich die Blase, oder was immer sich da entwickelt, nur am linken Fuß spürbar ist. Bin ich denn dermaßen asymmetrisch gebaut? Bang steige ich aus den Galoschen und laufe noch ein paar Meter sockfuß. Dormagen liegt vor, das Bayerwerk neben mir. Etwas blass registriere ich, dass mir das Sockfußlaufen keineswegs hilft, weil ja das Auftreten ohne Schuh umso weher tut. Nun ja, keiner hat gesagt, dass dies eine Wellness-Wanderung werden würde. Schuhe wieder an und weiter.

Auf dem Rheindamm kurz vor Zons, nach 24 Kilometern, mache ich erneut Halt, entkleide mühsam den linken Fuß und will Blasenpflaster aufkleben. Aber wo? Ich kann keinen Schaden erkennen. Überhaupt sieht der Fuß unerwartet gut aus. Kaum Rötungen. Ich klebe ein Pflaster aufs Geratewohl in die Ballenmitte und humpele weiter. Alles wie vorher. Es zieht zu. Was, wenn es regnet und das Wasser in die Schuhe fließt? Haut und Nägel könnten aufweichen und Schaden nehmen. Bitte nicht.

Um 9 Uhr geht die erste Fähre von Zons nach Urdenbach übern Rhein. Kurzes Warten. Ich bitte einen netten Radsportler aus Köln, mich zu fotografieren. Wo ich denn hinlaufe. »Nach Düsseldorf.« »In die verbotene Stadt«, murmelt er und schmunzelt entsprechend den Folklorestatuten. Er deutet auf das Kreuzfahrtschiff, das nebenan festgemacht hat und dessen Passagiere gerade in Busse steigen. »Hier sind die Liegekosten viel kleiner als in Köln, darum legen sie in Zons an.« Interessant: Solange er doziert, tut der Fuß nicht weh. Wohl ein Ablenkungseffekt. Erzähl weiter!

Am rechten Rheinufer stapfe ich über sandige Trails zur Gaststätte »Rheinterrasse«. Da war ich schon mal, vor drei Jahren, auch auf Wanderschaft. Die Chefin bringt mir das Gästebuch und hält meine Schuhe für zu klein. Sie jedenfalls trage größere, immer zum Erntedankfest, zwei Tage lang. Sie stecke immer eine Damenbinde zwischen Spann und Oberholz. Aber nach zwei Tagen seien ihre Füße trotzdem kaputt. Ob meine auch schon schmerzten? »Doch, doch …« Apfelkuchen, Cappuccino, Fotosession. Darf ich auch ein Foto? Und weiter geht's.

Von wegen »weiter geht's!« Wie der Glöckner von Notre-Dame wuchte ich mich in die Bonner Straße, um bald auf den Radweg abzubiegen, der mich laut Beschilderung in 8,6 Kilometer zum Hauptbahnhof führen soll. Verdammt, die Schuhe scheinen immer enger zu werden. Von innen drückt alles gegen die Wände, die allerdings nicht nachgeben. In puncto Flexibilität gibt's fürwahr Besseres bei Görtz & Co. Die Stelle un-

In der passenden Größe lassen sich diese Schuhe
auch als Kanu für Flussüberquerungen nutzen.

term Ballen erinnert mittlerweile an einen Pfirsich, auf den man getreten und der darob zermatscht ist. Allerdings befindet sich dieser Pfirsich innen, unter der Haut, und alles sträubt sich gegen Grundberührungen. Zumal sich diese Fuß-Frucht beim Auftritt heiß anfühlt. Kochobst. Die Folge kennt man vom hochsommerlichen Sandstrand: Man versucht unwillkürlich, auf den Fußkanten zu gehen, was die Klompen jedoch nicht mitmachen. Es wird gegangen, wie SIE wollen, nicht wie ich. Schon recht, alles freiwillig. Ich grinse konvulsiv und gebe Zischlaute von mir wie eine rheumageplagte Ringelnatter.

»Verdammt, die Schuhe scheinen immer enger zu werden. Von innen drückt alles gegen die Wände, die allerdings nicht nachgeben.«

Heute mein typischer Gesichtsausdruck. Die Notre-Dame-Natter beißt die Zähne zusammen und ballt die Fäuste, vor allem links. Entspann dich, Wigald! Lockerlassen und den Schmerz weggrinsen! Klappt nicht. Wie weit ist es denn noch? Knappe fünf. Ich schaue jetzt oft aufs Handy, zähle die Kilometer herunter. Bei Kilometer 37 kommt, wenigstens beim Marathon, ja gerne der berühmte »Mann mit dem Hammer«. Hier ist's ein Holzhammer. Auf die Füße, Bastonade.

Mein Vater am Telefon: »Wohl bekomm's! Als Kind trug ich immer Holzschuhe, da waren die Mauken manchmal in grauenhaftem Zustand.« Wem sagst du das.

Auf dem Kreisverkehr zu Beginn der Himmelgeister Straße steht ein roter Fuß auf einem Betonsockel, eine Skulptur des Düsseldorfer Künstlers Till Hausmann. Verdeutlicht unter anderem den Autofahrern, so lese ich im Internet, dass der Mensch sich auch anders fortbewegen kann als im Blechkokon, eigentlich sogar ganz ohne Schuhe. Heiliger Salamander, schön wär's, murmele ich und frohlocke dabei ob des nahenden Hauptbahnhofs.

Noch ein paar irre Blicke, linkisches Hinken über die Düssel, dann stehe ich mit mattem Wohlgefühl auf der Gustav-Adolf-Straße. Geschafft. 43 Kilometer in 9:03:49 Stunden. War schon mal zügiger unterwegs. Nein, mit Holzschuhen mache ich das nicht noch mal. Aber vielleicht mit Gummistiefeln? Skistiefeln? Man könnte eine Trilogie draus machen …

Einstweilen bin ich gespannt, wann ich wieder geschmeidig gehen kann. Bleibende Schäden, so vermute ich, werden jedoch nicht zurückbleiben.

Die wichtige Erkenntnis des Tages: Um neue Wanderwelten kennenzulernen, muss man nicht in die Ferne schweifen. Ein neues Paar Schuhe tut's mitunter auch. Ungefähr so, wie man einer bekannten Geschichte völlig neue Aspekte abgewinnen kann, wenn man sie per Spracherkennung zu Papier bringt – ich sage nur »Motorrad«.

Schieb, schieb

Was kann man nicht alles schieben! Zunächst kommt mir die Schubkarre in den Sinn, eines der ältesten Radfahrzeuge. So wie Demokratie, Logik und Olympische Spiele wurde sie im antiken Griechenland erfunden. Ob die Erfindung der Schubkarre die anderen erst möglich gemacht hat? Schwer zu sagen. Auf jeden Fall fällt das Durchdringen eines philosophischen Problems deutlich leichter, wenn man nicht mit dem Balancieren schwerer Lasten auf den Schultern beschäftigt ist. Dem Chinesen Chuko Liang (181–234) kommt das Verdienst zu, Schubkarren für den Verletztentransport erfunden zu haben, also den ersten Krankenwagen. Altchinesische Schubkarren unterscheiden sich von den europäischen durch ihre Bauart: Das (verhältnismäßig große) Rad war im Reich der Mitte unter der Karosse montiert, nicht davor, beziehungsweise die Fracht wurde auf zwei Brettern neben dem Mittelrad transportiert.

Sodann denke ich an Einkaufswagen – für die meisten von uns ein regelmäßiger Wegbegleiter. Manche Konsumenten fassen gar häufiger dessen Haltestange an als ihre Lebenspartner, sofern vorhanden.

Der große Familieneinkauf offenbart mitunter, zu welch beachtlichen Schubleistungen der menschliche Körper in der Lage ist. Von der Grillkohle über Rahmspinat bis zum Getränkekasten – selbst der weniger austrainierte Hausfrauenleib schafft es im Regelfall auch mit voll beladenem Caddie wenigstens bis zum Parkplatz.

Nicht zuletzt aufgrund ihrer Robustheit sind moderne Einkaufswagen auch als Sportgeräte für Ausdauersportler interessant: Der Schweizer Steve Schild hält seit 2015 den Weltrekord im 24-h-Einkaufswagen-Schieben mit einer Distanz von 101,08 Kilometern.

Gerade für Control-Freaks bietet das Schieben eine unschlagbare Übersicht über die Fracht. Anders als etwa im Rucksack oder in der Manteltasche kann das Transportgut im Einkaufswagen jederzeit begutachtet werden, und Sahnebecher mit Leck bleiben seltener unbemerkt als etwa im Hackenporsche.

Vergegenwärtigt man sich einen Einkaufswagen nebst Einkäufer im Profil, so ähnelt die Silhouette der eines Frachtschiffes: Vorne das flache Vordeck, hinten die Brücke

mit Steuermann und Kapitän. Der Einkaufswagenschieber ist beides in Personalunion. Er bestimmt Kurs und Tempo, wobei die Einkaufswagenschieberinnen wahrscheinlich weiterhin in der Mehrheit sind, während in den Hochseeflotten die Kapitänsuniform traditionell eher von Männern getragen wird. Und während auf hoher See der Kapitän allerlei Freiheiten genießt und höchstens den Anweisungen der Reederei Folge zu leisten hat, handelt auch die Hausfrau im Supermarkt oftmals eigenverantwortlich – von den speziellen Wünschen der Reederei daheim (Firma Blagen & Bräutigam) ab-

In der Malerei spräche man von
einem »Konversationsstück«.

gesehen. Wenige Zeitvertreibe können uns ein solch ausgeprägtes Machtgefühl verleihen wie das ungezwungene Kreuzen im unermesslichen Ozean des kapitalistischen Einzelhandels mit seiner Warenvielfalt, seinem Wellengang, dem ewigen Auf und Ab angesagter und weniger angesagter Marken und seinen Schaumkronen aus Zweitplatzierungen und Sonderangeboten. Und wie auf dem echten Ozean, so endet auch die Supermarktseefahrt im Hafen, mit dem Löschen der Ware – und oft auch des Guthabens im Portemonnaie.

Gut möglich, dass die Erfindung des Einkaufswagens durch Sylvan Goldman 1937 den Siegeszug der Supermärkte entscheidend beförderte. Kaufen ist gut und schön, aber eine Seefahrt: die ist lustig – und wer von uns will nicht wenigstens einmal pro Woche Kapitän sein?

Natürlich werden vom Fußgänger nicht nur Einkaufswagen geschoben. Denke ich persönlich ans Schieben, so denke ich zuallererst an Kinderwagen. Als vierfacher Vater habe ich Erfahrungen mit den unterschiedlichsten Modellen gemacht. Zunächst war da der massive Zwillingskinderwagen, in dem ich Cyprian und Leander durch ihre ersten Jahre schob.

Wenige Zeitvertreibe können uns ein solch ausgeprägtes Machtgefühl verleihen wie das ungezwungene Kreuzen im unermesslichen Ozean des kapitalistischen Einzelhandels mit seiner Warenvielfalt, seinem Wellengang, dem ewigen Auf und Ab angesagter und weniger angesagter Marken und seinen Schaumkronen aus Zweitplatzierungen und Sonderangeboten.

Dann lernte ich den faltbaren Buggy kennen, eine Erfindung des englischen Flugzeugkonstrukteurs Owen McLaren, dem es gelang, Innovationen aus der Luftfahrtindustrie, etwa die kleinen, frei drehbaren Vorderräder, auf den Kinderwagenbau zu übertragen. Der Buggy ist ein Triumph des Leichtbaus, er schenkt einem das Gefühl, den Nachwuchs als Jetpilot durch die Kindheit zu manövrieren, mit wachem Auge auf Luftlöcher und Gewitterzellen.

Zur Genese des Kinderwagens gibt es mindestens zwei Theorien: Einige Mobilitätsforscher schreiben die Erfindung einem unbekannt gebliebenen Tischler zu, der etwa in der Mitte des 16. Jahrhunderts eine Schubkarre für den Transport der lieben Kleinen modifizierte, andere halten den modernen Kinderwagen für eine Erfindung des 19. Jahrhunderts, deren direkter Vorläufer der hölzerne Stubenwagen war. 1840 begann in England die industrielle Produktion, der moderne Kinderwagen ist somit ungefähr so alt wie die Eisenbahn, älter als das Fahrrad und als das Auto sowieso.

Im 20. Jahrhundert wurde das Design der Kinderwagen von letzterem stark beeinflusst: In den Fünfzigern etwa überdachte man die Räder mit markanten Kotflügeln. Ein solcher Straßenkreuzer schmückt auch meinen Fuhrpark, ein Modell von der Firma Meyer aus dem Jahr 1956. Ich erwarb die Antiquität kurz nach der Geburt meines Sohnes Theodor bei einem Filmausstatter, und sie gehört zweifellos zu den besten Einkäufen meines Lebens. Warum? Zunächst kann man bekanntermaßen sämtliche Gegenstände einteilen in solche, die lediglich eine bestimmte Funktion erfüllen, und solche, die darüber hinaus durch ihre Gestaltung, ihre Geschichte, ihre Eigenart betören: Sachen mit Seele sozusagen. Mein Kinderwagen quietscht, rumpelt und wird mittelfristig an Schlüsselstellen durchrosten und auseinanderbrechen, aber neben seinem enormen Federweg, der jedes Kind frohlocken lässt, betört er durch sein knuffiges Aussehen, sympathisch wie die Lokomotive Emma bei Jim Knopf, aber vor allem erinnert er die meisten Babyboomer, die des Gefährts ansichtig werden, sogleich an die eigene Kindheit und löst mitunter heftige Gefühlswallungen aus. Im Alltag äußert sich dies so: Ich schiebe den Wagen durch mein Viertel, und ausnahmslos kein Spaziergang vergeht, ohne dass Passanten das Wort ergreifen. Häufigste Bemerkung: »In solch einem Kinderwagen lag ich auch!« – und meistens kann man im Gesicht des Passanten ein breites Grinsen erkennen, oft auch echte Euphorie.

Als Fernsehfachkraft, die einen Großteil ihres Lebens in der Öffentlichkeit verbracht hat, bin ich durchaus auch schon ohne Kinderwagen erkannt und adressiert worden. Ich halte mich sogar für einen Fachmann, wenn es um das sogenannte »passive Aufmerksamkeitsprivileg« geht, wie es in der Soziologie genannt wird. Und als solcher kann ich konstatieren, dass man mit wenig bis nichts solch zuverlässige, positive Reaktionen hervorrufen kann wie mit einem gepflegten Kinderwagen aus Rattan mit Chrom-Kotflügeln aus den Fünfzigerjahren.

Für alle, die sich einsam fühlen und danach dürsten, mit ihren Mitmenschen auf der Straße ins Gespräch zu kommen, ein ganz heißer Tipp.

Übrigens sind Kinder in diesem Zusammenhang verzichtbar. Ich habe in meinem Kinderwagen auch schon Großeinkäufe und Getränkekisten transportiert, und die Reaktionen waren nicht weniger heftig. Besonders lustig: Wenn ältere Damen ob des Gefährts frohlocken und sicher davon ausgehen, dass im Kinderwagen ein Säugling transportiert wird. »Süüß!«, schallt es mir dann begeistert entgegen. Umso verblüffter, manchmal sogar verärgert der Blick der Seniorinnen, wenn sie erkennen, dass sich im Wagen lediglich ein Kasten Bier befindet. Ist mir mehrfach so passiert.

Für den Transport von Kindern allerdings sind Kinderwagen nur bedingt geeignet. Wenn man Säuglinge nach ihrer Meinung befragen könnte, so würden diese mit großer Mehrheit das Getragenwerden bevorzugen – auch der größte Federweg, die weichste Lammfellmatratze kann nicht den Komfort des innigen Körperkontakts auf dem Arm oder in einer Trage vor der Brust oder auf dem Rücken ersetzen.

»Wer hätte nicht gerne die gusseiserne Ausdauer einer 90-Jährigen, die ihren Rollator über den Wochenmarkt schiebt?«

Während man bei Kindern die Wahl hat zwischen »natürlichem« Tragen und automobilistisch angehauchter Wagentechnik, scheidet das Tragen beim Transport von erwachsenen Gehbehinderten aus. Fußlahme werden im Rollstuhl geschoben, oder sie schieben selbst, nämlich den Rollator. Das zumeist faltbare Gerät, optional mit Sitzfunktion, ist momentan jenen Senioren vorbehalten, die nicht bereit sind, ihre Autonomie, ihren Status als Fußgänger aufzugeben. Diese Veteranen des Fußwerks sind die wahren Helden dieses Buches, und es irritiert, dass der Rollator, Sinnbild des Durchhaltewillens, des buchstäblichen Auf-eigenen-Füßen-Stehens, keine größere Reputation genießt – noch. Ich habe keinen Zweifel, dass dem Rollator eine glorreiche Zukunft bevorsteht, zum einen aufgrund des demografischen Wandels, zum anderen, weil er als praktisches It-Item auch in jüngere Generationen vordringen wird, die sich einen Imagetransfer erhoffen. Wer hätte nicht gerne die gusseiserne Ausdauer einer 90-Jährigen, die ihren Rollator über den Wochenmarkt schiebt? Der Rollator verleiht auch dem Mittzwanziger die Aura des gelebten Lebens und passt insofern vortrefflich zu den modischen Löchern in seiner Jeans. Alberne Dekadenz? Durchaus. Allerdings sind auch die Hosenlöcher nicht die Überbleibsel lebensgefährlicher Abende im Fightclub, sondern sie wurden von pakistanischen Kinderhänden in den Stoff gerissen. Dann lieber Rollator!

Wer nachhaltiger angeben möchte, schiebe tunlichst schwerere Gefährte. Unlängst besuchten meine Familie und ich per Automobil ein Möbelhaus, und auf dem Rückweg ging uns auf halber Strecke der Sprit aus. Unter uns: Es war nicht das erste Mal, dass mir dies passierte, was meinen Ärger über den leeren Tank nicht eben verkleinerte. »Lerne ich denn überhaupt nie dazu?«, zeterte ich, während sich hinter uns die Autos stauten. Wir standen auf einer Ausfallstraße am Stadtrand von München, vierspurig, Leitplanken links und rechts. Zorneshitzig suchte ich im Navi nach der nächsten Tankstelle. Eineinhalb Kilometer – »Unsere Rettung!«, protzte ich, stieg aus, bat barsch meine Frau ans Lenkrad, stemmte mich gegen das Heck und begann den Wagen zu schieben. Ungläubig blickten unsere Kinder Theodor (3) und Mathilda (2) über die Hutablage. Die anderen Verkehrsteilnehmer überholten uns behutsam und mit respektvollem Kopfnicken. Adrenalindurchtränkt verlieh ich der mittelschweren Limousine gute Schrittgeschwindigkeit. Unseren buchstäblichen Tageshöhepunkt erreichten wir auf halber Strecke, auf der Hochebene einer Brücke über die Autobahn.

Unter allen stadtnahen Kurzwanderungen, an die ich mich erinnern kann, gebührt diesem Gang ein Sonderplatz: Hier war es nicht das Auto, das uns beförderte, sondern ich beförderte das Auto. Meinem familieninternen Ruf als Kraftprotz war diese Übung ausgesprochen dienlich, vor allem das Erklimmen der Brücke.

Erholen konnte ich mich bergab, als ich in einen halbhurtigen Laufschritt wechseln konnte. Nachdem die Tankstelle in Sichtweite geraten war, gesellte sich zu mir ein Rettungssanitäter, dessen Krankenwagen uns an vorderer Stauposition folgte. Wir teilten uns einträchtig die Schubarbeit, und der Sani verriet, dass wir uns einen besonders gefährlichen Streckenabschnitt ausgesucht hätten, mit ausgeprägter Unfallhäufigkeit.

Klar, die Sache ist etwas riskant, aber dennoch ging – und gehe – ich mit der Idee schwanger, eine längere Strecke die Familie im Auto schiebend zurückzulegen, etwa durch Deutschland oder über die Alpen.

Liege ich falsch, oder genießt der Begriff »Schieben« insgesamt einen zweifelhaften Ruf? Der Schieber, Schiebung, eine Feier wird verschoben – so was mag keiner. Vielleicht liegt diesem Urteil der Mythos des Sisyphos zugrunde, der seine Kugel wieder und wieder den Berg hinaufschiebt – eine unangenehme, vermeintlich sinnlose Anstrengung. Oft wird jedoch unterschlagen, dass Sisyphos laut Albert Camus seine Tätigkeit lächelnd durchführt, dass gerade das Schieben eine geheime Quelle des Glücks sein kann. Je schwerer, desto erfüllender.

Allen bisher von mir genannten Schubkarren, Rollatoren, Kinderwagen, auch der Kugel des Sisyphos, ist gemein, dass sie rollen, beziehungsweise über Räder verfügen. Unter dem Aspekt der Glücksoptimierung erscheint es angezeigt, auch mit widerspenstigeren Objekten Erfahrungen zu sammeln: Wie schiebt sich ein Tisch, eine Kommode, ein Klavier? Die Pyramiden wurden ohne den Einsatz von Rädern gebaut, bis heute ist nicht endgültig geklärt, wie die Ägypter die schweren Steinquader in die Höhe beförderten. Man weiß allerdings, dass sie ihre Arbeit nicht unter Zwang erledigten, sondern wahrscheinlich als freiwilliges Opfer, um den göttlichen Pharao zu preisen, ihm nahe zu sein. Vielleicht spielte auch Lustgewinn eine Rolle, jene tiefe Befriedigung, die entsteht, wenn man in Gemeinschaft Gleichgesinnter scheinbar Unmögliches vollbringt?

Barfuß durch Paris

Autoschieben ist ein schöner Zeitvertreib, aber nur etwas für Gutbetuchte, erfordert es neben dem unerlässlichen Muskelschmalz doch mindestens ein Auto, wenngleich der Motor streng genommen verzichtbar ist.

Ein deutlich preiswerteres Abenteuer ist das Barfußgehen. Die bewusstseinsverändernde Wirkung des Verzichts auf Schuhwerk ist keine Entdeckung unserer Epoche: Für Orden wie die unbeschuhten Karmelitinnen war die Barfüßigkeit zum einen Symbol der Askese, zum anderen weiß ich aus eigener Erfahrung, dass der direkte Kontakt des Körpers mit der Erde den Aufenthalt auf derselben unterhaltsamer werden lässt. Und das reichert ein ansonsten langweiliges Klosterleben sozusagen von Grund auf mit spannenden Erlebnissen an – wobei es sich bei diesen Erlebnissen nicht ausschließlich um die Scherben geborstener Kapellenfenster handeln muss. In Sachen Erlebniswert kann der Gang über eine taubenetzte Frühlingswiese mühelos mit der einen oder andern Autoverschiebung, überhaupt mit jeder Fernreise, mithalten. Die prickelnde Feuchtigkeit auf den zarten Halmen kann sogar mühelos als zärtlicher Gruß des Allmächtigen, als göttliches Küsschen auf die demütig dargebrachte Sohle interpretiert werden. Manche Mutter streicht ihren Gören übers Haar, Mutter Erde busselt die ihren von unten ab.

Ich habe schon mehrere Sommer ohne Schuhe hinter mich gebracht und möchte dies ausdrücklich zur Nachahmung empfehlen. Jedes Kopfsteinpflaster, jede Waschbetonplatte kann zu unerwarteten Wow!-Erlebnissen führen, jeder Gang durch eine Pfütze die süßesten Kindheitserinnerungen heraufbeschwören. Kalte Eisenbrücken, raue Holzbohlen, anschmiegsamer Strandsand – der Alltag wird durch eine neue, enorm vielfältige Dimension ergänzt, potenziell birgt jedes Ausfallschrittchen maximale Sensationen für umme.

So schmeichelnd sich beispielsweise dampfig-feuchte Erde anfühlen kann, so herausfordernd sind die permanenten Sticheleien piksender Steinchen, denen der Barfüßer nach einiger Zeit mit einer Verdickung der Lederhaut begegnet, der just hierfür im Sohleninnern bereitstehenden Schutzvorrichtung. Die sogenannte Hornhaut übrigens ist an dieser Sohlenverdickung entgegen landläufiger Ansicht nicht beteiligt – eher im Gegenteil. Der Barfüßer, die Barfüßerin erfreuen sich eines ganztägigen Peelings, vormals als banal empfundene Fußböden entpuppen sich als potente Hornhauthobel. Nicht nur die Haut kann im Kontakt mit der Umwelt gesunden, auch Druckstellen, Verformungen, Phänomenen wie dem Hallux Valgus, also dem krankhaft abgeknickten großen Onkel, lässt sich per Schuhverzicht vorbeugen, wenn er nicht sogar den zivilisationskranken Fuß mitsamt dem an ihm befestigten Restkörper komplett kuriert.

Ein ganzer Sommer ohne Puschen ist für jeden Menschen eine unerhört bereichernde Erfahrung. Unter anderem wird man allerdings auch reich an Straßenschmutz, der sich unterseitig festtritt. Direkt hinter der Wohnungstür wartet daher auf meine Mauken stets eine Schüssel mit Wasser für die grobe Waschung, die allabendlich durch eine gründliche Inspektion der Sohle mit einer Pinzette ergänzt wird. Was habe ich in

»Zeigt her eure Füßchen, zeigt her eure Schuh'« – in Paris
ein Aufruf zu zivilem Ungehorsam

61

meinen Barfuß-Perioden nicht schon alles in meinen Sohlen steckend gefunden: Rollsplit, Rosenquarz, Rohdiamanten, Rindenstücke von Rüster und Robinie, Reste von den Rippen eines Rubeosaurus Ovatus – und das sind nur die Objekte, die mit einem »R« beginnen!

Mit den Wochen und Monaten tritt eine gewisse Abhärtung ein, nicht jeder kiesige Parkweg wird mehr als unangenehm empfunden, was zu einer Vergrößerung des Aktionsradius führt.

Mein persönlicher Höhenweltrekord im Barfuß-Bergsteigen gelang mir einst im Mai des Jahres 2017, als ich vom Bahnhof Oberstaufen im Allgäu hinauf zum Gipfel des Imberg wanderte. Das Allgäu ist für Barfüßer nicht zuletzt deswegen eine attraktive Gegend, weil sie zum schwäbischen Kulturkreis gehört, in dem der Besen als kultischer Gegenstand verehrt und täglich zum Einsatz gebracht wird, was dem unteren Teil der Wanderung komfortable Schreitbedingungen garantiert. Auf gefegter Piste kam ich flott voran, ehe ich von den idyllischen Asphaltsträßchen auf den steilen Wanderweg wechselte. Der war natürlich piksig, aber ein Ausweichen auf die benachbarten Bergwiesen war wegen Elektrozaun und Distelflur nicht angezeigt. Was sich an diesem Tag als ungünstig erwies, war die Kombi aus Barfüßigkeit und neuer Gleitsichtbrille: Um den Boden nach Steinchen abzusuchen, musste dieser durch das Nahsichtfenster am unteren Rand meiner Spekuliereisen gründlich beäugt werden – dies war, wenn ich meinen Aufzeichnungen trauen darf, das schwerste Hindernis auf dem Weg zum 1325 Meter hohen Imberggipfel.

Ein spannender Aspekt am Barfußgehen ist die Verunsicherung, ja, Empörung, die man damit bei manchen Mitmenschen auslösen kann. Nicht wenigen Zeitgenossen erscheint der Verzicht auf Schuhe riskanter als etwa eine bemannte Mondmission – nicht zuletzt wegen der bewährten Moonboots, denen man sich beim Spaziergang über den Erdtrabanten anvertrauen kann.

In München waren meine Frau und ich eines Sommers unbeschuht unterwegs, und am Rotkreuzplatz wies uns eine ältere Dame darauf hin, dass wir mit unserem Leben spielen würden, da der gesamte Bodenbelag flächendeckend AIDS-verseucht sei. Gewiss, diese Einzelmeinung mag einen zum Schmunzeln bringen, aber sie ist lediglich die markanteste Erhebung in einem Gebirge aus Mahnungen, Warnungen und Kopfschütteln. Wie leicht können durch die Fußsohle krank machende Keime in den Organismus eindringen? Diese Frage wurde uns tagtäglich von besorgten Mitmenschen gestellt (Antwort: Bei intakter Haut gar nicht).

Nicht nur eingebildete Gesundheitsgefahren sorgen für besorgte Blicke der Passanten, sondern mitunter auch geschmackliche Einwände. Beispiel: Vor einigen Jahren, in einer meiner barfüßigen Epochen, trat ich in der ehrwürdigen Maison de la littérature in Paris auf, und zwar als Teilnehmer des ersten paneuropäischen Kongresses der Einkaufzettelsammler. Ich habe eine französische Kollegin, Clémentine Mélois, die wie ich die weggeworfenen Einkaufslisten ihrer Mitmenschen einsammelt und interpretiert, und gemeinsam präsentierten und diskutierten wir unsere Fundstücke vor interessiertem Publikum. Nun könnte man meinen, dass es sich bei der Einkaufzettelsammelei um ein eher skurriles Hobby handelt, allerdings durfte ich die Erfahrung machen, dass in Paris Barfüßigkeit für deutlich skurriler gehalten wird. Der Verzicht nicht nur auf elegantes, sondern auf jedwedes Schuhwerk ist, so schien es uns, in der Hauptstadt der Mode ein schwerer Fauxpas, um nicht zu sagen eine Todsünde. Während ich auf der Bühne stand und referierte, blickte ich ab und an ins Publikum, dessen Blicke jedoch weniger an den Projektionen der Einkaufzettel hinter mir, sondern vielmehr an meinen blanken Füßen klebten. Eingeladen wurde ich nicht wieder, schade, und es blieb bei diesem ersten, einzigen Kongress. Am nächsten Morgen streunten meine Frau und ich noch kreuz und quer durch die Stadt, stets begleitet von krausen Stirnen und gerümpften Nasen. Und so legt sich der Barfußgänger im Laufe der Zeit nicht nur eine schützende Lederhaut zu, sondern auch ein dickes Fell, was die Reaktionen seiner Mitmenschen angeht.

Wenn mich Menschen um Rat fragen, die des Lebens müde sind, alles gesehen zu haben meinen, angeödet vom Dasein, so lautet mein bester Tipp: Schuhe aus und raus an die frische Luft! Und dass dieser Weg allen Verzweifelten offensteht, unabhängig vom Kontostand, ist besonders fair. Mehr noch: Wer es sich angewöhnt, das ganze Jahr über barfuß unterwegs zu sein (kein Hexenwerk), kann seine Schuhe verschenken und gewinnt enorm Platz im Eingangsbereich, um nur einen der vielen sekundären Vorteile zu nennen.

Nacktwandern

Luxus: Was ist das? Grundsätzlich lassen sich drei Denkansätze unterscheiden. Weit verbreitet ist die Annahme, dass die höchsten Genüsse mit bestimmten Marken und Produkten verbunden sind: Moët & Chandon, Bugatti oder die einsame Urlaubsinsel in der Südsee. Eine kleine, überlastete Minderheit denkt bei Luxus zuvörderst an Zeit für sich und seine Liebschaften, denn was nützt der schönste Bugatti, wenn er tagaus, tagein immer nur in der Garage steht und nicht ausgefahren werden kann (sofern der Bugatti die entsprechende Liebschaft ist). Eine dritte, noch kleinere Minderheit verbindet mit Luxus vor allem Verzicht. Ihr Ahnherr ist womöglich Sokrates, der beim Gang über den Wochenmarkt gesagt haben soll: »Wie zahlreich sind doch die Dinge, derer ich nicht bedarf«. Nun war Sokrates, nach allem, was wir über diesen Marktgang wissen, bekleidet unterwegs. Auch Diogenes, der mit der Tonne, besaß offenbar einen einfachen Wollmantel. Die wenigsten Apologeten des Verzichts sind also immer und konsequent nackt, was mit den klimatischen Verhältnissen in weiten Teilen unserer Welt zu tun haben könnte.

Nacktheit unter Naturvölkern wurde von uns Europäern lange mit mangelndem Schamgefühl in Verbindung gebracht, welches wiederum als Ausdruck kultureller Primitivität gewertet wurde. Freikörperkultur war denn auch zu Beginn des 20. Jahrhunderts ein Akt der Rebellion gegen den Mainstream, gegen den spießigen Obrigkeitsstaat. In der DDR erlebte die öffentliche Nacktheit ihre bisher opulenteste Blüte, und man versteigt sich gewiss nicht ins Überkandidelte, wenn man den Zuspruch, den die Nacktheit unter Ulbricht und Honecker genoss, als einen leisen lauten Ruf nach Freiheit interpretiert.

Die Unbefangenheit, mit der auf Rügen und Usedom den nackten Tatsachen des Sozialismus nackte Tatsachen der freien Körperkultur gegenübergestellt wurden, habe ich als West-Jüngling immer bewundert, und ich bedaure sehr, dass die Freikörperkultur sich nicht raumgreifender durchgesetzt hat und auf den Fall der Mauer der aller anderen Hüllen folgte.

Unter anderem möchte ich auf zwei nacktheitsfeindliche Entwicklungen hinweisen: Die absurde Schamhaftigkeit vieler Medien und den Klimawandel.

Bei Facebook und Instagram sind schon weibliche Brustwarzen i-bäh. Das allein wäre eigentlich schon Grund genug, diese Horte der Entmenschlichung strikt zu meiden. Was in aller Herrgottsnamen ist etwa am Bild einer stillenden Mutter verwerflich, was an der nackerten Sonnenanbeterin im Englischen Garten? Anderes Beispiel: Penisse sind im Hauptabendprogramm Mangelware, sie müssen noch nicht einmal erigiert sein, um für unzumutbar gehalten zu werden. Auf der anderen Seite wird in jedem zünftigen Fernsehkrimi gemordet, bis der Arzt kommt, und niemand hat mit Blutbädern, mit platzenden Gehirnen ein Problem – ein Missverhältnis, das mir völlig unverständlich ist.

Über den Begriff »Freiheit« lässt sich
gesellschaftspolitisch trefflich diskutieren.
Oder man zieht sich kurzerhand aus und läuft davon.

Ferner gilt »Das Internet vergisst nichts«, und den meisten Usern ist die Erbarmungslosigkeit, mit der die Communities alle deine denkbaren Fehltritte zum Mobben nutzen, suspekt. Irgendein blödes Partybild, auf dem du vor 30 Jahren deine Kollegin abgebusselt hast, womöglich als Südseekönig geschminkt, wird auch dich eines Tages den Job kosten. Ich kann nur dringend raten, sämtliche Selfies und sonstigen Bilder konsequent unbekleidet zu knipsen – derartige Fotos werden vom Anbieter knallhart geahndet, das dazugehörige Profil gelöscht, und der Gelöschte ist seine Sorgen los. Merke: Wer im Internet aufgrund seiner permanenten Nacktheit gar nicht mehr stattfinden kann, fällt auch nicht mehr unangenehm auf, etwa durch Dick Pics. Problem gelöst.

Kommen wir nun zum Klimawandel. Ja, es gab Naturvölker, die auch in kühlen Gegenden ohne Anorak durchs Leben gingen, etwa die Selk'nam und Yámanas in Patagonien. Sie waren Meister der Abhärtung, trotzten lebenslangem Schmuddelwetter. Als jedoch die europäischen Kolonisatoren auftauchten, mit Schnupfen- und anderen Krankheitserregern im Gepäck, war es um sie geschehen. Heute jedoch ist die Sachlage eine andere: In den nächsten Jahrzehnten wird sich die Atmosphäre erwärmen, und es ist fraglich, ob wir mit unseren Bekleidungsgepflogenheiten im Zeitalter der Erderwärmung und des Artensterbens noch einen Blumentopf gewinnen können. Schon steigt die Zahl der Hitzetoten in den sich häufenden Rekordsommern. Ich prognostiziere: Nacktheit wird zur Frage des Überlebens, und wer schlau ist, passt sich bereits jetzt den neuen Verhältnissen an. Lasst alle Hüllen fallen!

Für die Zaghaften gibt es geeignete Wanderwege, etwa seit 2010 den 13 Kilometer langen »Harzer Naturistenstieg«, Deutschlands ältesten Nacktwanderweg. Auf Hinweisschildern am Einstieg des Rundkurses werden die Schamhaften gewarnt: »Willst du keine Nackten sehen, darfst du hier nicht weiter gehen«. Ein weiterer Nacktwanderweg befindet sich seit 2012 in Undeloh in der Lüneburger Heide. Seine Länge beträgt 10 Kilometer, und er darf auch ausdrücklich nackt mit dem Fahrrad befahren werden.

Bei aller Liebe: Zwei Nacktwanderwege für ein Volk von 80 Millionen – das erscheint mir recht knauserig. Beide Wege sind von meinem Wohnort allzu weit entfernt, und so muss ich für meine Nacktwanderungen auf Gebiete zurückgreifen, in denen trotz dünnster Besiedelung immer die Gefahr besteht, Bekleideten zu begegnen und diese zu verschrecken oder gar zu verärgern. Ein solcher Weg befindet sich im Zillertal, auf einem abgelegenen Höhenzug, dessen wichtigster Gipfel, die Speikspitze, von mir schon viele Male erstiegen wurde. Interessanterweise bin ich in dieser Gegend bisher nur dann meinen Artgenossen begegnet, wenn ich nackt war, sonst nie – da scheint es einen mysteriösen Zusammenhang zu geben. Man lernt, betont unverkrampft zu grüßen, möglichst ohne roten Kopf, eine Schauspielschule der Selbstverständlichkeit, die auch in vielen anderen Lebensbereichen helfen kann, etwa beim Gebrauchtwagenverkauf oder beim Bitten um eine Gehaltserhöhung. Nach meiner jüngsten Nacktwandererfahrung sind perplexe Passanten keineswegs die wichtigste Herausforderung, sondern vielmehr die in meiner Wandergegend allgegenwärtigen bissigen Waldameisen. Um heil wieder zuhause anzukommen, ist es notwendig, ohne längeres, ja ohne irgendein Verweilen in Bewegung zu bleiben. Nicht die schlechteste sportliche Motivation.

Das Ameisen-Problem betrifft allerdings nur solche Naturisten, die unbeschuht unterwegs sind, eine kleine Minderheit innerhalb der Minderheit. Statt Schuhen hatte ich allerdings einen Hut dabei, den ich an dieser Stelle allen ernsthaften Freiwanderern empfehlen möchte, nämlich einen Klappzylinder. Auf die Idee kam ich durch meinen Freund Hannes, der einer Schornsteinfegerfamilie entstammt und mir erzählte, sein Vater habe beim Schlotputzen auf den Bauernhöfen des Ostallgäus von jedem Landwirt ein Ei erhalten, gleichsam als Trinkgeld. Diese Eier wurden im Zylinder bis zum Feierabend aufbewahrt, normalerweise unfallfrei. In einem Chapeau Claque lassen sich aber nicht nur Eier, sondern auch alle sonstigen für eine Wanderung notwendigen Utensilien verstauen, von der Sonnencreme über Heftpflaster bis zur Capri-Sonne, und wenn man den Zylinder zusammenklappt, hat man als Wanderer zudem eine einigermaßen ameisensichere Sitzunterlage. Sieht bescheuert aus? Na ja, die Kopfbedeckung macht bei einem Nacktwanderer meines Kalibers den Kohl auch nicht mehr fett.

Langfristig gehe ich davon aus, dass sich das Nacktwandern allgemein durchsetzt. Die Geschichte des Schamgefühls pendelt hin und her wie das Gemächt des wandernden Nackedeis: Auf das sinnenfreudige Rokoko folgten Biedermeier und verklemmter Viktorianismus, zurück schwang's über den Extrem-Nudisten August Engelhardt, der 1902 in der Südsee seinen »Sonnenorden« gründete, eine Art Sekte, deren Mitglieder die Sonne anbeteten und sich ausschließlich von Kokosnüssen ernährten, und anschließend weiter zu den 68ern und der Kommune 1. Auf die Zeit des »Da da da« (Trio) folgte nunmehr eine neue Epoche des »Du du du«, geprägt von den Zeigefingern der zahlreichen Moralisten – was sich auch in der Hautscheu der sozialen Netzwerke widerspiegelt.

Aber keine Sorge, das Pendel schlägt zurück. Auf meiner Bucket List steht immerhin noch eine mehrtägige Etappenwanderung im Zylinderdress, quer durch Felder, Wiesen, Auen und, ja, auch Dörfer und Städte, nackt wie Gott mich schuf – und ich kann mir kaum vorstellen, dass ich der einzige Mensch bin, der einen derartigen Traum hegt.

Kennt Ihr diesen Duft im Sommer,
wenn nach einem heißen Tag
Regen auf den Asphalt fällt?
Mein Lieblingsduft!

Mit wem wandern?

**Drei Wandermodi lassen sich
voneinander unterscheiden:
Das Solo, die Gruppenwanderung
und der Paarlauf.**

Drei Wandermodi lassen sich voneinander unterscheiden: Das Solo, die Gruppenwanderung und der Paarlauf. Der Solist kann jene Gehparameter, die in der Hand des Wanderers liegen (Kleidung, Proviant, Streckeneinteilung, Wegfindung), seinen ganz persönlichen Bedürfnissen anpassen. Demgegenüber gibt der Gruppenwanderer einen Großteil seiner Verantwortung ab; entweder alle notwendigen Entscheidungen werden in einem Konsens- bzw. Abstimmungsverfahren entschieden, oder sie werden von einem Wanderführer getroffen – wahrscheinlich die weitaus häufigere Variante.

Der große Nachteil des Solisten: Er (oder sie) hat keinen Partner dabei, mit dem man öde Wege durch gute Gespräche aufwerten kann. Der große Nachteil des Gruppenwanderers: Er (oder sie) hat gleich mehrere Partner dabei, mit denen man gute Wege durch öde Gespräche abwerten kann. Grusel.

Ein ernst zu nehmender Kompromiss ist der Paarlauf. Meine Frau und ich haben die ganz besonderen Möglichkeiten des ehelichen Gemeinschaftsganges exzessiv ausgereizt. Als Beispiel diene unser Weltrekordversuch im Eingehakt-Spazierengehen vor einigen Jahren.

»Fremd bin ich eingezogen, fremd zieh´ ich wieder aus.«

Start um 7:30 Uhr im oberbayerischen Holzkirchen. Unser Ziel: Der Tegernsee.

Ein strahlend heller Tag. Dick liegt der Schnee, zartblö zeigt sich der Himmel, und Dunst lässt am Horizont die Grenze zwischen Flur und Firmament verschwimmen. Ich trage Gehrock und Zylinder, Teresa eine merkwürdige Fellkappe, die ich vom Flohmarkt in Oldenburg mitgebracht habe. Unter anderem, klar.

Wir haken uns ein, vorschriftsmäßig wie im Lehrbuch für flanierende Paare, und verlassen Holzkirchen über die Thanner Straße, lassen Lochham links liegen und singen das erste Lied aus der »Winterreise« von Franz Schubert. »Fremd bin ich ausgezogen, fremd ziehe ich wieder ein.« In Oberwarngau verpasse ich – zuständig für die Navigation – einen Abzweig, was die Gesangsstunde enden lässt. Navigieren und singen, das ist für mich als Mann zu viel Multitasking. Den avisierten Pfad erreichen wir durch einen Privatgarten. Ich erschrecke, wie forsch meine Frau das Gartentor öffnet. Sie ist auch als Hausfriedensbrecherin begabt.

Auf weißer Trittspur geht es Richtung Süden, die Luft ist klar, und ich fühle mich immer etwas schneller als meine Gattin, was zu einem gewissen Druckschmerz im Schultergelenk jenes Armes führt, in den sich meine Braut eingehängt hat. Wir wechseln daher regelmäßig die Seite, um Reizungen, Entzündungen oder gar einen Armabfall zu vermeiden.

Ein kleines Landsträßchen endet an der Bahnlinie der Bayerischen Oberlandbahn. Laut Komoot-App müssen wir nun einem Wanderweg parallel zur Bahnlinie folgen. Der ist allerdings tief eingeschneit, die weiße Pracht entelanisiert unseren Schritt. Weitermachen? Umkehren? Es lockt der Bahndamm – die Gleise sind geräumt, aber Teresa, die eben noch so nonchalant den Garten durchschritt, ängstigt sich, fürchtet, einem heraneilenden Zug nicht rechtzeitig ausweichen zu können. An einem verlassenen Traktor rasten wir und beratschlagen die weitere Wegführung. Ich plädiere für die Bahn und verspreche, sie rechtzeitig zu warnen, per Murmeltierpfiff.

Gespannt in den Wald hineinlauschend trotten wir am Gleiskörper entlang. Ein Fuchs quert in der Ferne, sonst passiert nichts, bis ich nach unendlich erscheinenden acht Minuten ein maschinelles Grollen erahne, woraufhin ich mich mit gellendem Pfüüüt den Bahndamm hinabstürze, behende wie Jackie Chan. Teresa klettert hinterher, ich feuere sie an, es geht immerhin um Leben und Tod. Da nähert sich auch schon der Zug; der Zugführer schaut leicht verdutzt, oder interpretieren wir zu viel in den eigentlich eher leeren Lokführerblick?

Wir sammeln uns, klopfen den Schnee aus den Kleidern, lassen unseren Stunt Revue passieren. Dann wird wieder eingehakt, und weiter geht's nach Schaftlach. Auf einem Schild liest Teresa »Gmund 45 Minuten« und frohlockt. So nah? Kann doch gar nicht sein. Vielleicht gibt's hier zwei Gmunds?

Wir verlassen den Ort, stapfen an gut besuchten Loipen entlang. Ich betrachte das Treiben ohne Neid. Vorteil am Eingehakt-Spazierengehen ist, dass die Kleidung nicht so durchgeschwitzt wird, nachteilig ist jedoch, wie bereits erwähnt, die Belastung auf den Halteapparat der oberen Extremitäten. »Arm ab«

Als ein bissiger Hofhund uns angeht, zucke ich zusammen, was, eingehakt wie ich bin, fast eine Schulterluxation verursacht. Der blöde Köter trägt auch die Verantwortung dafür, dass ich zum zweiten Mal einen Abzweig übersehe. Verdattert, mit panisch gesträubten Nackenhaaren, ziehe ich meine (hundefreundliche) Frau geradeaus – ins temporäre Verderben.

ist übertrieben, »Arm dran« nach 15 Kilometer jedoch nicht. Als ein bissiger Hofhund uns angeht, zucke ich zusammen, was, eingehakt wie ich bin, fast eine Schulterluxation verursacht. Der blöde Köter trägt auch die Verantwortung dafür, dass ich zum zweiten

Mal einen Abzweig übersehe. Verdattert, mit panisch gesträubten Nackenhaaren, ziehe ich meine (hundefreundliche) Frau geradeaus – ins temporäre Verderben. Na ja, Verderben ist übertrieben. Zwei Kilometer extra auf stark befahrener Straße. Anschließend erneute Rast, auf Parkbank, mit Loipenblick. Wir essen Oatsnack-Riegel, die sich bereits auf den Shetlandinseln bewährt haben, extra starkes Kraftfutter für Einhaksportler. Mittlerweile ist Mittag, die Sonne lacht, aber »Gmund 45 Minuten«? Glatt gelogen, zumal, wenn der Höllenhund einen vom Weg abbellt.

Die nächste Stunde vergeht in Einhak-Trance, ich erinnere mich an wenig, Teresa auch nicht, der Filmriss endet in der Gaststätte »Jennerwein«, schon auf Gmunder Gemeindegebiet. Tolles Wirtshaus, denken wir, stilvoll, rustikal, mit altem Kachelofen, aber dann belehrt uns ein ausgelegtes Faltblatt, dass der Laden einem Pfälzer Meisterkoch gehört, der hier seinen Traum eines »bayerischen Wirtshauses« lebt. Walt Disney kommt uns in den Sinn und sein »europäisches« Cinderellaschloss. Auf Seite zwo des Faltblatts: Beste Kritiken von Ulli Hoeneß, Jupp Heynckes, Fritz Wepper und sonstigen Spießgesellen der Schick-schick-schicker-Schickeria. Ja, das Tegernseer Tal ist eben

Theoretisch kann man seine Frau auch nach Art eines afrikanischen Wasserbehälters auf dem Kopf transportieren. Praktisch jedoch nicht.

doch nur ein Vorort von Hollywood, oder so ähnlich. Blutwurst und Wiener Schnitzel schmecken aber prima.

Zahlen und weiter. Aua. Teresas neue Schuhe scheinen doch nicht gar so gut zu passen, sie humpelt unrund. Irgendwas ist aufgescheuert, großflächig, im Zweifel der Fuß.

> »Ja, das Tegernseer Tal ist eben doch nur ein Vorort von Hollywood, oder so ähnlich. Blutwurst und Wiener Schnitzel schmecken aber prima.«

Immerhin schaffen wir es noch nebeneinander bis zum Tegernseeufer und streben wortkarg einem Hotel in Rottach-Egern entgegen. Es ist 18 Uhr, als wir ankommen. Gewiss, man könnte auch noch problemlos zurück nach München, aber Sohn Leander feiert heute seinen 20. Geburtstag und bat um sturmfreie Bude.

Sind die schlussendlichen 33 Kilometer Tagesleistung tatsächlich Weltrekord? Na ja. Auf jeden Fall schaffen wir unsere persönliche Bestleistung im Eingehakt-Spazierengehen. Klarer Doppelsieg.

Die allerletzten Meter haken wir unsere Arme aus, und prompt schreite ich mit Riesenschritten davon, stapfe davon wie ein Brauereipferd auf Speed.

Angriff des Killerigels

Nicht nur eingehakt ist meine Frau Teresa meine allerliebste Wanderpartnerin. Vom Kleinstgang zum Kiosk bis zum epischen Bewegungsmonument haben wir schon allerlei gemeinsame Wege beschritten. Hier eine bündige Schilderung unserer schönsten Flitterwochenwanderung, die wir auf Mauritius' höchsten Gipfel unternahmen. Beziehungsweise: unternehmen wollten. Der Berg heißt »Piton de la Petite Rivière Noire« und misst 828 Meter.

Teresa, im vierten Monat schwanger, und ich starten an der katholischen Kirche in Case Noyale. Vorbei an Kindern in hellblauen Schuluniformen und dunkelgrauen Elendsquartieren verlassen wir den Ort und marschieren die Bergstraße nach Chamarel bergauf. Meinen roten Ranzen habe ich bis zur Kimme mit Korn, äh, Trinkwasser gefüllt, denn wer weiß, ob man sich hierzulande aus den Bergbächen bedienen sollte?

Ob's überhaupt Bergbäche gibt? Auf der Serpentinenstraße halten wir uns am rechten Rand, wegen des Linksverkehrs, da man ja bei uns in analoger Situation, also bei Rechtsverkehr, außerhalb geschlossener Ortschaften links laufen würde, gell?

Manch Fahrer guckt trotzdem komisch, dreimal werden wir gar angehupt. Kann aber auch daran liegen, dass auf dieser Straße praktisch nie Wanderer unterwegs sind. Die starten meist am Infozentrum im Nationalpark, nicht so wie wir auf Seehöhe. Der Ort Chamarel wird in Reiseführern als unverdorbenes Idyll gefeiert, und das Lob passt. Wir suchen in der Kirche nach Abkühlung, völlig vergeblich, aber dafür erfreut uns die liebevolle Ausstattung und die aufs Wesentliche reduzierte Konstruktion des Beichtstuhls, nämlich ein weißer Plastikhocker, wie man ihn daheim wohl eher im Badezimmer einsetzen würde, davor ein spiddeliger Paravent aus dem mauritianischen Poco-Markt.

Ausführliche Trinkpause, dann verlassen wir die Zivilisation und wagen uns in den Regenwald. Ein schmaler Pfad führt bergauf, ab und an markiert von gelben Fähnchen. Der Weg ist gut begehbar, allerdings machen uns die Insekten zu schaffen, die unsere verschwitzten Beine wie ein opulentes Büffet genießen. Sind's Mücken oder Bremsen, die uns großflächig verquaddeln? Mir egal, da ich mir erst vorgestern heftig juckende Stiche (?) am Popo zugezogen habe, beim Schnorcheln. Keine Ahnung, was für ein Tier (?) da am Werk war. Und seit der Tretbootfahrt gestern ist mein Bauch himbeerrot verfärbt. Ich lehne den Gedanken, mir mit 51 Jahren aufgrund purer Doofheit einen Sonnenbrand zugezogen zu haben, rundweg ab. Nein, ich habe keinen Sonnenbrand. Meine Haut ist auch nicht gerötet, sondern rosig. Gut durchblutet halt. Teresa ist körperlich in besserem Zustand als ich; sie marschiert forsch voran.

Wir durchwaten ein Bächlein, stiefeln durch dichten Dschungel und beobachten Dutzende topflappengroße Schnecken bei der Paarung. Nie sah ich so monumentale Schneckenpenisse in Aktion – Gastropodenporno live.

Auch Amphibien begegnen wir, nämlich einem mittelgroßen Frosch in Tarnfleck mit dunkelweißer Ziernaht über der Wirbelsäule. Das hübsche Tier tut so, als verstünde es kein Deutsch, gibt sich nicht nur zugeknöpft, sondern sogar ausgestopft. Ist es aber nicht. Als ich mich nähere, um mich formvollendet vorzustellen, rückt er seine Luftkrawatte zurecht und deutet einen Gähnkrampf an. Für den Einsatz im Service mit Kundenkontakt nicht geeignet, dieser Frosch.

Bald wird der schmierige Steig steiler, und ich unterstütze meine Frau beim Aufstieg, in dem ich sie beidhändig bergauf schiebe. Klingt bekloppt, aber sie behauptet, es würde ihr helfen, und ich bin froh, dass ich meinen Puls trotz bescheidenen Gehtempos in sportlich relevante Bereiche treiben darf. Als nach drei Stunden Aufstieg eine feuchte Klippe im Weg ist, rasten wir. Der Gipfel ist nicht fern, und erstmal seit Chamarel lichtet sich der Wald, so dass man hinab auf den satt grasgrünen Küstenstreifen blicken kann.

Was tun? Auch hier oben ist es heiß, feucht sowieso, das Gelände schlüpfrig. Wir setzen uns auf einen Stein, genießen den Ausblick und verzehren unsere Jause. Doch nicht nur Bauch, Beine und Po jucken, sondern auch die fixe Idee eines jeden Bergfexes, zum höchsten Punkt zu gelangen. Teresa merkt mein Bergfieber und flötet mir den Vorschlag entgegen, allein den höchsten Punkt zu erklimmen. Dankbar schlage ich ein, eile los und klettere empor. Bald schließt sich wieder das Blätterdach über mir, nur ein einziges Mal kann ich noch einen Blick auf den Gipfel erspähen, eine dreieckige Toblerone-Pyramide, ganz so wie Paul Klees »Niesen«, nur in monochrom feuchtgrün.

Hinter diesem Blätterdachschaden ist Fernsicht-Schicht im Schacht. Ein quer über den Pfad gespanntes Seil verheißt Gefahr; offenbar ist der Weg wegen Erdrutsch nicht gangbar. Schade, aber nicht risikolos zu ändern. Der Höhenmesser zeigt 740 Meter. Wie heißt es so schön auf RTL? »Heute habt ihr euch keine Sterne erspielt.« Ich kehre um und bin nach einer halben Stunde Gesamtabsenz wieder bei meiner Braut.

Regen setzt ein. Kühlt nicht ab, macht aber den Weg deutlich rutschiger. Vorsichtshalber gehe ich voran. Huch: Plötzlich stürmt ein Tier aus dem Unterholz auf mich zu. Ein großer Igel touchiert meinen Schuh und rennt wieder zurück. Im Dickicht erkenne ich eine stachelige Kinderschar. Theorie: Die Igelmutter wollte ihren Nachwuchs durch einen Scheinangriff schützen.

Als wir nach sechs Stunden Wanderung wieder am Ortsrand von Case Noyale eintreffen, begegnet uns noch ein weiterer Zuwanderer, nämlich ein Affe. Haben wir beide auch noch nie in freier Wildbahn gesehen (außer auf der Münchener Leopoldstraße, die Spezies mit den gegelten Haaren).

Final lassen wir uns noch mal ordentlich vom Starkregen erwischen, ohne dass es diesem gelingt, die braunen Schmutzkrusten an unseren Beinen abzuwaschen. Und so steigen wir nicht nur völlig verdreckt, sondern auch pudelnass ins auf gefühlte null Grad herabgekühlte Taxi. Wie heißt es so schön in der Bounty-Werbung? »Alle Köstlichkeit der Tropen.« Ja. Der Satz passt hier höchstens halb, aber er dient als gutes Beispiel für mein bei über 30 Grad eingeschränktes Formuliervermögen. Danke fürs Verständnis.

Abends im Hotel recherchieren wir, dass es sich beim »Igel« um einen »Großen Tenrek« handelte, zugewandert aus Madagaskar. Bis zur Ankunft der Menschen gab es nämlich auf Mauritius gar keine Säugetiere, mit Ausnahme der Flughunde. Aha. Zwei Klicks weiter stoßen wir auf eine Information, die uns latent alarmiert: Im mauritianischen Dschungel übertragen Stechmücken Krankheiten, die unter anderem für werdendes Leben gefährlich sind – Schwangere sollen daher die Regenwälder im Nationalpark meiden. Soso. Wie fühlst du dich, meine Allerallerliebste? Alles gut so weit.

Fürwahr, die Gefahren des Wanderns sind mannigfaltig. Das Idyll des unschuldigen Schweifens ist in Wirklichkeit allzeit bedroht – von Kleinstlebewesen, aber eben auch von tollkühnen Igelmüttern, und mitunter sogar von Artgenossen.

Wie ich wandernd eine Ehe zerstörte

Habe ich nicht zu Beginn dieser Publikation behauptet, Wandern würde die Menschen friedlicher werden lassen? Immerhin fügte ich »in der Theorie« hinzu – praktisch stehe auch ich mit der Impulskontrolle bisweilen auf Kriegsfuß, nicht zuletzt unterwegs, im Bereich des angeblich pazifizierenden Wohlfühlpulses.

Es ist Sonntag in Köln, ich schiebe meinen Kinderwagen vor mir her, meine Frau rollt im Schritttempo auf einem Hotelleihrad neben mir. Die Sonne lacht, am Rheinufer herrscht reges Treiben.

Vor der Rodenkirchener Brücke ist baustellenhalber ein Gehweg gesperrt. Um auf die Brücke zu gelangen, muss zunächst eine kleine Treppe vom Ufer hinauf zum Bürgersteig an der Fahrstraße erklommen werden. Ganz Gentleman, entbinde ich meine Gattin von allen Hebetätigkeiten und wuchte zunächst das schwere Hotelbike hinauf. Meine Frau nimmt es oben in Empfang, dreiviertel in Gedanken, weil sie ihr Handy zwischen Schulter und Wange geklemmt hat. Frohgemut hole ich nun den Kinderwagen nebst schlafender Fracht hinterher. Rechts auf die Hüfte gestemmt, ein billiges Liedchen gepfiffen, portiere ich den Filius und sein Gehäuse hinauf.

Als ich oben ankomme, hat meine telefonierende Frau ihr Gefährt um einen Meter versetzt, so dass nunmehr die vordere Hälfte des Bugrades eine Elle in den Radweg hineinragt.

Da nähert sich von links ein älteres Ehepaar auf Trekkingrädern im Partnerlook. Er Typ pensionierter Katasteramtsvorsteherassistent, sie Typ pensionierte Katasteramtsvorsteherassistentenfrau. Just als sie den unsauber geparkten Drahtesel erreichen, steht auch meine Gattin mit einem Viertelfuß auf dem Radweg. Das Katasteramtspärchen saust vorbei, und im Wegfahren zischt die Seniorin: »Dusselige Kuh!«

Was hat sie gesagt? Wen hat sie gemeint? Kurz muss ich meine Gedanken ordnen. Ja, sie hat »dusselige Kuh« gesagt, laut und deutlich. Und sie muss tatsächlich meine Frau gemeint haben – sonst ist ja niemand in der Nähe. Ehe ich bis drei zählen kann, schreite ich zur Tat: Der Kinderwagen verbleibt an Ort und Stelle, meine Frau telefoniert derweil ungerührt weiter. Nach Art eines indianischen Palomino-Reiters springe ich auf das von ihr nachlässig gehaltene Rad, reiße es in Richtung des davonrollenden Seniorenpaares und versetze die Pedale mit maximaler Kraft in Bewegung. Von null auf 35 beschleunige ich in sechs Sekunden, verkürze den Abstand auf die beiden nichtsahnenden Alten, geize nicht mit Muskelschmalz, mein Puls hämmert, mein Kopf wird rot, aber nicht nur, weil ich sprinte wie vor mir zuletzt Lance Armstrong, sondern auch, weil in mir ein Tier erwacht ist, ein zähnefletschender Höllenhund, ein hungriger Tyrannosaurus Rex, der sich aller Ketten entledigt hat und auf den entscheidenden Moment wartet, der über Leben und Tod entscheidet. Beißen, ich will beißen, höre ich dieses Tier in mir röcheln.

Und da habe ich auch schon zur Katasterfrau aufgeschlossen, fahre linksseitig an die Kinnlinie heran, der Abstand beträgt kaum 20 Zentimeter, und dann fauche ich feucht und fiese: »Habe ich eben richtig gehört? Sie haben zu meiner Frau ›dusselige Kuh‹ gesagt? Meine Stimme überschlägt sich, die Kataster-Oma erschrickt, ihr Mann, der ein paar Meter voraus fährt, blickt sich irritiert um.

Für einen kurzen Moment ist alles in der Schwebe: Die von mir Drangsalierte sucht schlagartig erbleicht nach einer passenden Antwort; ihr Ehegatte ist alarmiert, muss jetzt aber wieder den Kopf nach vorne wenden, um nicht gegen den nächsten Baum zu fahren. Ich radle weiter auf gleicher Höhe mit der Frau, adrenalingesotten, jederzeit bereit, die alte Dame mit einem Prankenhieb vom Rad zu strecken – und die Sonne lacht dazu.

»Na? Na?«, setze ich crescendierend nach. Die Seniorin öffnet den Mund, ist unschlüssig, schließt ihn wieder; ich balle meine Faust, dann setzt sie neu an und antwortet mit mühsam unterdrückter Panik: »Nein, zu meinem Mann! Ich habe das zu meinem Mann gesagt!« Ihr Gatte reißt seinen Kopf nach rückwärts, blickt seine Frau entgeistert an, und gleichzeitig weicht alle Spannung von mir; das wilde Tier schläft

Was hat sie gesagt? Wen hat sie gemeint? Kurz muss ich meine Gedanken ordnen. Ja, sie hat „dusselige Kuh" gesagt, laut und deutlich. Und sie muss tatsächlich meine Frau gemeint haben – sonst ist ja niemand in der Nähe.

auf der Stelle wieder ein, und mit milder Genugtuung flöte ich: »Ah! Dann ist ja gut!« Und mit einem »Schönen Sonntag noch!«, drossele ich mein Tempo, wende und rolle entspannt zurück zum Ausgangspunkt.

Meine Gattin beendet soeben ihr Telefonat. »War was?«, erkundigt sie sich, was ich sogleich verneine. Und in der Entfernung sehe ich das alte Ehepaar am Wegesrand stehen, großgestisch im hitzigen Disput. Schade, dass man nicht hört, was sie sich zu sagen haben. Und dann setzen wir unseren Sonntagsausflug fort. Lächelnd.

Tragische Vaterfreuden

Ich war, nein, ich bin ein begeisterter »Tragepapa«. Bereits meine mittlerweile erwachsenen Zwillinge Cyprian und Leander wuchtete ich mit Vorliebe über die Hügel des Ostallgäus, und als mein jüngster Sohn Theodor geboren war, engagierte meine Frau Teresa sogar eine sogenannte »Trageberaterin«, die uns zu Hause besuchte und uns über die vielfältigen Möglichkeiten aufklärte, Kinder in Tüchern und Tragen vor die Brust zu schnallen. Zunächst war ich beeindruckt, dass es den Beruf der Trageberaterin überhaupt gibt. Mit ihrem vorherigen Leben als Bankkauffrau hatte die sympathische Mittdreißigerin abgeschlossen, weil sie »etwas Sinnvolles« machen wollte. Und mit diesem Bekenntnis öffnete sie eine sehr große Reisetasche, der sie zunächst eine lebensgroße Babypuppe mit beängstigend realistischer Gesichtsgestaltung entnahm, eine Puppe, wie sie eventuell auch in der Ausbildung von Notfallsanitätern verwendet wird, oder als Crashtest-Dummy. Anschließend beförderte sie dutzende Tücher und Tragen zutage, erörterte deren Fürs und Widers und erklärte die notwendigen Knüpf- und Knotentechniken am toten Objekt, aber auch an unserem Sohn Theo, damals nur wenige Wochen alt. Nach einer Stunde Tragtheorie und -praxis schwirrte uns der Kopf, und Theo schnurchelte selig vor sich hin. In den darauffolgenden Wochen wurde der Tragespaziergang zum festen Bestandteil meiner Tagesabläufe, zumeist durch den Nymphenburger Park in München.

Als Theo sieben Monate alt war, schrieb ich in mein Tagebuch: *Stundenlang transportiere ich Theodor vor meinem Bauch; mittlerweile habe ich Erfahrungen mit allen gängigen Modellen gesammelt, unter anderem mit »Limas Baby«, »Baby Björn«, »Manduca«.*

Einerseits leuchtet es mir ein, dass sich der Mensch aufgrund seiner Entwicklungsgeschichte als Tragling am Körper seiner Artgenossen geborgener fühlt als im Kinderwagen. Andererseits folge ich auch einem trainingskonzeptuellen Kalkül: Theo wog bei der Geburt dreieinhalb Kilogramm, jetzt über acht. Bei steigendem Gewicht und gleichzeitig immer länger werdenden Tragzeiten müsste meine Rumpfmuskulatur durch diese Schlepperei auf Jean-Claude-Van-Damme'sche Ausmaße anwachsen. Und Rückenmuskeln, so habe ich gelernt, schützen vor Schmerz.

Früher, als Twen, in meinem schlaffsten Lebensabschnitt, war ich durchaus anfällig: Alle paar Monate zwickte da irgendwas, ich »kriegte Zug«, hatte »mich verhoben«, was man eben sagt, wenn's hinten wehtut. Dann wohnte ich im Allgäu, und durch Skilanglauf war die Sache schnell passé (Gehen und Laufen allein reichen nach meiner Erfahrung nicht aus).

»Leute, hütet euch vor Autos! Sie machen dick, schlaff und hässlich.«

Tauglich als Rückenstärkung sind auch: Schwimmen, Boxen, »Nordic Skating« (also Inlineskating mit Stöcken) und Kajakfahren. Aber man muss ja gar nicht extra Sport treiben, um seinen Rücken zu pflegen; Heben, Wuchten, Tragen kann man auch im Alltag. Einkaufswagen nehme ich nur beim großen Wochenendeinkauf, ansonsten bevorzuge ich Körbe. Koffer mit Rollen lehne ich aus religiösen Gründen ab. Neben Theodor schleppe ich gerne große Rucksäcke mit allerhand Inventar durch die Gegend: Bücher, Lebensmittel, Wackersteine.

Bodenwischen ist nicht nur rückenfreundlich, sondern macht auch die Wohnung schön! Überhaupt, Vierfüßlerstand: Ich freue mich bereits darauf, meinem jüngsten Nachwuchs als Reittier zur Verfügung zu stehen, so wie auch schon meine inzwischen erwachsenen Zwillingssöhne Cyprian und Leander auf mir geritten sind.

Ideal ist auch Schaufeln. Ich liebe es, Schnee von A nach B zu schippen, aber es geht natürlich auch mit Erde. Wichtig: Die Schaufel nicht einseitig bedienen, sondern regelmäßig zwischen rechts und links wechseln. Ist koordinativ gegebenenfalls gar nicht so leicht; probiert's mal aus!

Vom Schaufeln ausgehend kann man dann einen Schritt weitergehen und Bauen. Etwa einen Iglu. Oder gleich ein richtiges Haus – der Fantasie sind da kaum Grenzen gesetzt. Als Mann soll man ein Kind zeugen, einen Baum pflanzen, ein Haus bauen – alles drei Aktivitäten, die den Rücken fordern, sofern man's nicht delegiert oder motorisiert. Fahrstühle, Rolltreppen? Überflüssig. Autos? Gut für Lahme, Schwache, Kranke.

Allzu leicht steigt man ein, gedankenverloren, und zack! ist man am Ziel. Leute, hütet euch vor Autos! Sie machen dick, schlaff und hässlich. Man sieht nicht die Feinheiten der Landschaft und riecht nicht die Aromen der Welt. Kennt ihr diesen Duft im Sommer, wenn nach einem heißen Tag Regen auf Asphalt fällt? Mein Lieblingsduft! Kriegt man im Auto nichts von mit. Zeugt lieber Kinder und schleppt sie durch die Gegend. Gör und Rücken sagen »Dankeschön«.

Nicht alle meine Tagebücher weisen vergleichbar volkspädagogisch relevante Passagen auf, in anderen Bänden steht lediglich, von wo nach wo ich wandern ging, garniert mit einer Handvoll Beobachtungen am Wegesrand. Auf das Führen von Wandertagebüchern werde ich später noch gesondert eingehen – unter anderem habe ich eine Wanderung in den Keller geplant, wo ein Berg uralter Bände darauf wartet, von mir nach vielen Jahren wieder neu entdeckt und bezwungen zu werden.

Futtern wie bei Muttern

Einige meiner sonderbarsten Wandererlebnisse erlebte ich gemeinsam mit meiner Mutter. Einmal, es könnte 1997 gewesen, wanderten wir am Fuße des Auerbergs entlang, von Bernbeuren nach Rettenbach und weiter nach Oberlöchers. Aus einem heute nicht mehr rekonstruierbaren Grund hatten wir wenig, gar zu wenig gefrühstückt und leider auch keinerlei Proviant eingepackt. Der Tag war sommerlich, das kupierte Terrain für meine eigentlich ausdauerstarke Mutter wohl noch fordernder als für mich, jedenfalls hatten wir bereits am zeitigen Vormittag Hunger. Großen Hunger. Mehrere Gasthäuser passierten wir, aber alle hatten sie geschlossen.

Unsere Mägen knurrten »O du lieber Augustin« und das Kufsteinlied im Duett, stülpten sich anschließend sogar kurzzeitig anklagend auf links, so dass die Magenschleimhaut außen war und der Restkörper innen. Aber wie gesagt, nur kurz, sonst hätten wir 110 gewählt – Handys gab's damals durchaus schon, im Gegensatz eben zu geöffneten Restaurants. Auch andere Verpflegungsquellen standen nicht zur Verfügung: Der Supermarkt in Rettenbach war verrammelt, die in dieser Gegend dominierende Milchwirtschaft lässt dem Mais- und Zuckerrübenfreund wenig Gelegenheit zum Mundraub, zumal damals, im letzten Jahrtausend, der Direktverkauf von Milchprodukten über Hofläden auch noch nicht so weit verbreitet war wie heute.

Nach knapp 15 Kilometer Hungermarsch erreichten wir ein christliches Gästehaus, aus dessen sommerlich geöffneten Fenstern uns ein feiner Bratenduft entgegenwaberte. Sogleich lief uns das Wasser im Mund zusammen. Meiner Mutter stand der Speichel binnen Sekunden bis zur Oberkante des Zäpfchens, mir sogar bis zum Übergang in den Riechkolben, eine unangenehme Empfindung, die der eine oder andere vielleicht vom Schwimmbadbesuch kennt, wenn man nämlich falsch rum Salto vom Einer springt, ohne sich die Nase zuzuhalten. In meiner Not öffnete ich das Sperrwerk zwischen meinen Kiefern, eine Flutwelle schwappte hinaus und setzte den Wanderweg vor meinen Füßen knietief unter Wasser.

Ohne weitere Diskussionen traten wir in die Herberge, standen nach kurzem Flurgang im Speisesaal. Reges Treiben. Mit unverhohlenem Geierblick sondierten Mama und ich die Lage. Gerade wurden Teller mit Hendl- und Rindergerippen nebst Knödelresten auf vielstöckige Servierwagen umgesetzt, und eine Hilfskraft mit Kittelschürze machte sich daran, die Tellersammlung Richtung Küche zu bugsieren.

»Entschuldigung?!«, charmierte meine Mama mit zwei Zentnern Hoffnung im ausgezehrten Gesicht, »bekommen wir bei Ihnen noch etwas zu essen?« Ein Mitarbeiter der Einrichtung, der unser Eindringen in den Speisesaal bereits mit erkennbarem Missfallen verfolgt hatte, beeilte sich mit dem Kopfschütteln. »Nein, das hier ist eine geschlossene Gesellschaft, nur für unsere Hausgäste.« Mein Blick schweifte während dieser Absage über die Braten- und Knödelreste, die ich im Kopf spielend zu einer erklecklichen Speisesumme addierte. Mama fragte, ob wir uns denn für kurze Zeit ins Haus einbuchen, gleichsam zu Hausgästen werden könnten? Und noch während der offenkundige Küchenchef Jesu Christi »ich bedaure, wir sind ausgebucht« blaffte, improvisierte ich mit hörbarem Schmatzen eine Zusatzfrage, nämlich: »Wären Sie denn bereit, uns ein paar Essensreste zur Verfügung zu stellen, etwa ein paar von den Tellern, die hier im Transportwagen warten? Sie müssen wissen: Wir sind sehr, sehr hungrig!«

Jetzt kippte die Situation ins Dramatische. Unser Gegenüber setzte den Originalblick von Pontius Pilatus auf, als dieser Jesus zum Tode verurteilte, und wusch dazu seine Hände in der Unschuld eines Geschirrhandtuches, während ich im Blick meiner Mama das Leiden des Gekreuzigten spielend wiedererkennen konnte.

Was war hier los? Unter den von uns ersehnten Speiseresten fielen mir drei ehemalige halbe Hendl auf, und mir war, als hörte ich jenes dreifache Kikeriki, bis zu dessen Verhallen Judas den Heiland dreimal verleumdet hatte.

Die Hilfskraft am Servierwagen, vom Stellvertreter Gottes in Oberlöchers Vroni genannt, nestelte verlegen an ihrer Kittelschürze herum, auf der sich ein entfernt ovaler Schweiß- und Bratensoßen-Abdruck erkennen ließ, und noch ehe wir diesen Abdruck als das Schweißtuch der Veronika deuten konnten, wurde uns ein scharfes »Nein!« entgegen geschmettert. »Für Sie gibt es hier nichts zu essen!« Mama fragte, fast flehentlich: »Kriegen wir denn wenigstens etwas zu trinken?«, und mein Blick fiel auf einen mit Essig getränkten Schwamm auf dem Servierwagen. Völlig unnötig, die Antwort abzuwarten, befand ich, zupfte meine Mutter am Ärmel, und während wir das Etablissement verließen, hörten wir noch ein weiteres, entschlossenes »Nein!« hinter uns verhallen.

Im Zustand gesteigerter Erregung verließen wir den ungastlichen Ort, die Wut trug uns über viele Kilometer, ersetzte spielend die verpassten Kohlenhydrate. Es war dies der Tag, an dem ich zu beten begann. Auch für die Kirche.

Weihnachtswanderungen

Ich mache mir nichts aus Ostern, finde die Eiersuche läppisch, verzichte dankend auf Silvester (habe ich seit dem Jahreswechsel 1999/2000 sowieso immer verschlafen), pfeife auf Oktoberfest und ähnliche Glaubenskongregationen, assoziiere mit Himmelfahrt zuvörderst Flatulenzen, Geburtstagsfeiern, zumal runde, stürzen mich in seelische Tiefbohrschächte, Firmenjubiläen treiben mich noch vor der Büffeteröffnung in die Arme enteignungsfreudiger Kommunisten, und spontane Stehgreifpartys kann ich schon deshalb nicht genießen, weil ich nicht weiß, wie ich sie in meinen Kalender eintragen soll.

Einzig Weihnachten vermag ich allerlei abzugewinnen. Jeder Fernwanderer kann sich mit den Protagonisten identifizieren: Da ist die leidige Suche nach Übernachtungsmöglichkeiten, zumal außerhalb der Saison, wenn die meisten Pensionen geschlossen haben. Da sind die spezifischen Erfordernisse einer Fußreise mit Hochschwangeren und schließlich das Abenteuer einer Übernachtung im Stall, ohne die Erlaubnis des Grundbesitzers. Kein Wunder, dass ich das Hineinwandern in den Heiligen Abend für eine angemessene Prozedur, nein, besser: Prozession halte.

Die ersten Weihnachtswanderungen, an die ich mich erinnern kann, waren wahre Fuß-Feste der Familie. Meine beiden Vettern Rüdiger und Roland waren dabei, Onkel Helmut mit der ewig qualmenden Pfeife im Mund, außerdem der alleinstehende Apotheker Wilhelm Jacobi. Das verbindende Element dieser recht heterogenen Wandergruppe: Alle hatten sie hart gekochte Eier im Gepäck, für deren Verzehr schon nach überschaubarer Wegstrecke eine opulente Rast eingelegt wurde. Gewandert wurde zumeist in der Umgebung der Stadt Wildeshausen, unser aller Geburtsort. Frauen wanderten keine mit. Meine Schwester Melani half Mama beim Schmücken des Weihnachtsbaumes, beim Rupfen der Gans oder beim Schuppen des Karpfens – je nachdem, was anlag. Ja, es gab damals bereits Damen im Weltall, bei der Jagd, und Annemarie Renger amtierte als Bundestagspräsidentin, aber auf den Boning'schen Weihnachtswanderungen durch die vernebelten Weiten der norddeutschen Tiefebene waren ausschließlich Männer zugegen.

»Die ersten Weihnachtswanderungen, an die ich mich erinnern kann, waren wahre Fuß-Feste der Familie.«

Während meines Zivildienstes in Bremen-Walle wurde Weihnachten gearbeitet, aber immerhin nutzte ich die Mittagspause zu einem üppigen Spaziergang durch Europa- und Überseehafen. Damals war das Ufer noch nicht von schicken Wohnungen gesäumt, sondern rostige Frachter schunkelten im Schneeregen an den Kajen, es roch nach Kaffee, Kautschuk und Kautabak, und in der Nissenhütte am Kopf des Europahafens mampften bullige Seebären in blau-weiß geringelten Matrosenleibchen Bratkartoffeln mit Senfgurken und Spiegelei, und zwar rund um die Uhr!

In den späten Achtzigern feierte ich mal in Hamburg (vom Lehmweg 37 zum Flughafen und zurück), mal in Oldenburg, einmal auch in Berlin (vom Kottbusser Tor zum Potsdamer Platz, immer an der Mauer entlang). Ab 1989 begann mein Weg als zugereister Neu-Bayer, ich durchstreifte zu Weihnachten München oder probierte die vom dortigen Verkehrsverbund empfohlenen Wanderwege, etwa von Schöngeising nach Grafrath oder rund um den Wörthsee.

Kurz vor Weihnachten 1993 wurde die siebte »RTL-Samstag Nacht«-Show ausgestrahlt – bis dahin alles andere als ein Quotenerfolg. Ich schaute die Sendung im Hotel in Oberstdorf, im Kreise einer Filmcrew (»Transatlantis«). Bei »Zwei Stühle – eine Meinung« interviewte ich Boris Becker, dargestellt von Olli Dittrich, und an den Reaktionen der Filmleute erkannte ich erstmals, dass es sich bei unserer Show um einen Erfolg handeln könnte, ja, würde. Am nächsten Morgen, dem Heiligen Abend, stapfte ich durch feuchten Neuschnee zur Heini-Klopfer-Skiflugschanze und bestaunte die kühne Betonrutsche, ungemütlich wie ein Stall in Bethlehem, gerade auch für denjenigen, der sie hinabsaust und sich zur Sturzgeburt anschickt.

Auch den Fuschlsee im Salzkammergut habe ich einmal zu Weihnachten umrundet, und zwar von einem Hotel aus, in dem ich kurz darauf nach Dreharbeiten Hausverbot erhielt. Das Problem: Wir hatten einen lustigen Film über eine im Hotel integrierte Schönheitsklinik drehen wollen. In einem Müllcontainer hinterm Haus hatte ich unter anderem ein paar Apfelsinenschalen entdeckt und das Bild betextet mit den Worten: »Hier wird die abgetragene Orangenhaut gelagert.« Das Amüsement des Publikums entsprach nicht dem der Hotelleitung, nun ja.

Meine großen Zwillinge wuchsen in Bernbeuren auf, am äußersten westlichen Zipfel Oberbayerns, sprachlich bereits deutlich mit alemannischem Einschlag. Hinterm Lech sagt man nicht »nicht«, sondern »itta«, und wenn mein Nachbar, der rauschebärtige Einödbauer beim Sprechen dieser charmanten Mundart seine voluminöse Meerschaumpfeife paffte, staute sich der Informationsfluss in ihm bzw. verließ sein Bett und mäanderte kauderwalisisch durch und über die Kuhfladen und Maulwurfshügel am Gartenzaun. Denke ich an Weihnachtswanderungen in Bernbeuren, denke ich an mühsame Schneestapfereien auf Langlaufskiern. Höchst unfestlich, wenn der nasse Schnee am Brett festpappte. Stollenbildung, eine der ärgsten Geißeln der Menschheit, und ich spreche nicht vom Dresdner Christstollen, der, zuckrig weiß eingeschneit, auch die Herzen der kirchenfernsten Jahresendfiguren nicht nur im sächsischen Elbtal höherschlagen lassen kann, auch nicht die Stollen unterm Fußballschuh, mit dem man zwar das Lattenkreuz anvisieren kann, aber das war's dann auch schon mit den kirchlichen Bezügen. Nein, ich spreche vom wintersportlichen Fachbegriff. »Es stollt«, wie der Skiwanderer sagt, und oft hat sein Blick dann keinen andächtigen, sondern einen verächtlichen, bisweilen verzweifelten Ausdruck im Blick.

Ebenfalls nicht ungewöhnlich am Auerberg: Fönbedingtes T-Shirtwetter am Heiligen Abend. Einmal bin ich dann raufmarschiert zur Georgskirche und habe oben geschlafen. Das war während meiner Camperkarriere, als ich 204 Nächte hintereinander an der frischen Luft übernachtete.

Dann war da die Zeit, in der sich die ganze Sippschaft zu Weihnachten auf Mallorca einquartierte, vornehmlich, um sich über Religion und sonstige Detailfragen in die Haare zu kriegen, aber auch, um sich gemeinsam die Füße zu vertreten.

Als besonders eindrücklich ist mir ein Gang von Valldemossa über den Reitweg des Erzherzogs in Erinnerung, der seinen Abschluss auf dem opak eingenebelten Puig Gros fand, in 938 Metern Höhe. Mein Sohn Leander trug fabrikneue Tanzschuhe mit Ledersohle, die auf dem scharfkantigen Gestein ihren Aggregatzustand wechselten und von der Galosche zu einem müslihaften Granulat wurden, wie es mitunter von Mäusen für die Auspolsterung ihrer Kinderstuben verwendet wird. Dieses Weihnachtsfest blieb allerdings vor allem deshalb in Erinnerung, weil wir unseren Weihnachtsbaum als Sperrgepäck von der Lufthansa transportieren ließen. Auf die Anwesenheit eines amtlichen Nadelbaumes legte vor allem ich größten Wert – und lege weiterhin. Ja, je älter ich werde, desto schwungvoller zelebriere ich dieses eine, mir etwas bedeutende Fest. Seit dem forstwirtschaftlichen Lufttransport sind meine, unsere Bäume von Jahr zu Jahr größer geworden. Als wir unlängst eine neue Bleibe suchten, interessierte uns an erster Stelle die Deckenhöhe, und schließlich quartierten wir uns in ein Reihenhaus mit

Du grünst nicht nur zur Sommerzeit,
nein auch im Frachtraum, wenn es schneit.

Empore ein, um bei der Koniferenwahl in den nächsten Jahrzehnten noch über reichlich Luft nach oben zu verfügen.

Zweiter Langzeittrend: Meine Frau und ich stellen das gute Stück immer früher auf, in den letzten Jahren allerspätestens am 1. Dezember, dann nämlich, wenn die ersten Straßenverkäufer ihre Gewächse feilbieten. Nach unserer Erfahrung wird das Preis-Leistungsverhältnis umso besser, je länger der Baum steht. Außerdem ist die Auswahl zu Beginn der Verkaufssaison am reichsten. Das Problem des Nadelns wiederum wird in der Regel überschätzt und ist zur Not per Kehrschaufeleinsatz lösbar.

Zur traditionellen Weihnachtswanderung gesellt sich seit einigen Jahren ein zweiter Pflichtgang, nämlich: die fußläufige Verbringung der dezent eingetrockneten Baumleiche zum Wertstoffhof. Je größer der Baum, desto umständlicher dessen Abtransport. Harzabweisende Handschuhe haben sich als hilfreich erwiesen, außerdem ein Schutzkittel in Tannengrün oder Camouflage.

Apropos Pflichtgang: Meine liebsten Gruppenwanderformationen sind die geschilderten, also Duo, Quartett, kleines Kammermusik-Wanderensemble. Mit Big Band, Orchester und Fischer-Chören habe ich bisher nur sporadische Erfahrungen. Mein jüngster Versuch, ganz in einer Großgruppe aufzugehen, fußt auf einer Frage meines Sohnes Cyprian: »100 Kilometer am Stück, von München nach Mittenwald, gemeinsam mit weit über tausend Gleichgesinnten. Kommst du mit?«

Megamarsch

Nur eine einzige Antwort kommt in Betracht, nämlich: Ja! Was für eine Freude für den stolzen Vater, wenn er das Glück des Filius teilen darf! Nun gut: »Mega« – das Wort finde ich ein bisschen platt, so wie »geilo«, da gucke ich unwillkürlich etwas säuerlich, wenn ich's höre. »Marsch« wiederum hat dieses Militärische, unangenehm nah am wirklichen Leben, aber was soll's. Anders als beim Stadtmarathon gibt es keine Zeitmessung, nur das Ankommen zählt. Das wiederum finde ich sehr sympathisch – jeder darf in seinem Tempo unterwegs sein – kann sich aber natürlich auch übernehmen, wenn er sich zum Beispiel seinem Sohn anschließt, einem ausgemachten Schnellgehwunder. Mit satten sechs km/h eilen wir über die Großhesseloher Brücke, an der Isar entlang, in einem langen, bunten, heterogenen Wanderer-Reigen. Manche in langen Hosen, manche ganz hager, eine junge Frau sogar sockfuß, aber ausnahmslos alle mit Rucksack. Ja, als Rucksackwissenschaftler hätte man hier formidable Forschungsbedingungen.

Cyprian und ich, wir plaudern uns durch den Nachmittag, manchmal integrieren wir uns auch für einige Augenblicke in fremde Grüppchen. Wird der Wanderweg eng, ballt es sich bisweilen, und die Sache erinnert an den Weg von der S-Bahnstation Hackerbrücke rüber zur Theresienwiese, wenn o'zapft ist und alle Welt zum Oktoberfest strebt, nur, dass man dort statt Rucksack Krachlederne und optional Gamsbart trägt und keine 100 Kilometer, sondern 100 Deziliter Bier zu bewältigen trachtet, wenigstens wenn man zu den Ehrgeizigen gehört. Für Cyprian steht fest, dass er am Vormittag die

Als ich dieses Bild knipse, habe ich innerlich bereits
aufgegeben und sehne mir ein Taxi herbei.

Ziellinie überqueren wird, in mir hingegen nagen Zweifel, spätestens, als wir nach 20 Kilometern den ersten Verpflegungspunkt erreichen, an der Brücke beim Kloster Schäftlarn. In langen Schlangen warten die Megamarschierer auf Verpflegung, und wir sind froh, ein paar Riegel im Rucksack zu haben, die uns unabhängig machen. Mein Kopfschütteln über die Orga weicht bald unverdünnter Anerkennung, als ich nämlich den Sinn des Schlangestehens zu erkennen meine: Wie beim Oktoberfest, wenn man am Eingang der Zelte auf Einlass wartet, verstärkt die in Enge verbrachte Zeit das Gemeinschaftsgefühl, lässt dich zum Steinchen in einem gewaltigen Mosaik werden. Merke: Geteilte Freude ist doppelte Freude, und geteiltes Fußweh ist halbes Fußweh. Der Tag war heiß und sonnig, am Uferdamm der Loisach kippt eine Frau um, und in der Ferne hört man wieder und wieder Martinshörner heulen – sie scheint nicht die einzige zu sein, die sich übernommen hat. Ich gehöre auch dazu, bin jedoch ein minderschwerer Fall. Meine Quadrizeps qualmen, meine Sohlen jaulen wie liebestolle Katzen. Schwerer wiegt mein Mangel an Willenskraft. Schon nach 40 Kilometern reift in mir die Erkenntnis, dass ich 100 Kilometer nur dann hinter mich bringen kann, wenn ich dies wirklich will – mitzumachen dem Sohn zuliebe, das reicht als Motivation leider nicht aus. Und während ich mich diesen defätistischen Gedanken überlasse, strebt Cyprian nichtsahnend neben mir her, den Blick auf sein Handy geheftet, auf welchem er das Pokalendspiel zwischen RB Leipzig und dem SC Freiburg verfolgt. Wie bringe ich ihm mein baldiges Aufgeben bei, ohne dass unser gutes Verhältnis bröselt? Ach was, ich bin hier freiwillig, habe Startgebühr bezahlt, darf demnach auch aufhören, wann immer ich will.

»Merke: Geteilte Freude ist doppelte Freude, und geteiltes Fußweh ist halbes Fußweh.«

22 Uhr, es ist dunkel, wir gehen auf dem Radweg neben einer Landstraße Richtung Penzberg. Glieder einer Kette sind wir, sachte flackernde Feuer einer endlosen Lampignonade. Heimlich studiere ich Mobilitäts-Apps, halte Ausschau nach Möglichkeiten, in einen Interregio umzusteigen, einen Omnibus, irgendwas. Dabei summe ich diskret »Ich gehe mit meiner Laterne, und meine Laterne mit mir«. Die jungen Leute vor mir hingegen hören Rammstein, irgendwas von wegen »Gleichschritt«.

Mit demonstrativer Leidensmiene erkläre ich meinem Sohn, dass ich ans Aufhören denke. »Hätte ich nie von dir gedacht!«, kommentiert er, und ich zucke zusammen. Gelte ich für die nächsten 100 Kilometer oder gar Jahre als Weichei? Was brocke ich mir soeben ein? Tief horche ich in meine Haxen. Sie fühlen sich nicht an wie nach knappen 50, sondern wie nach 90 Kilometern. Die Vernunft sagt: »Ab ins Bett!« – damit ich auch morgen noch kraftvoll zutreten kann.

Es wäre dies nicht mein erstes Aufgeben, ich habe beispielsweise schon einmal vorgehabt, Deutschland auf einem Klapprad zu durchqueren, wollte nach 100 Kilometer-Etappen im Hotel tagtäglich meine Eindrücke buchreif notieren, aber nach drei Etappen warf ich das Handtuch. Zu stressig. Auch eine mehrtägige Wandertour ging ich einst an und beendete die Unternehmung bereits gegen Mittag. Manchmal muss es so sein. Eine der schönsten Aufgabe-Geschichten erzählte mir vor Jahren meine Kollegin, die große Anke Engelke. Hoffentlich gebe ich alles wenigstens sinngemäß korrekt wieder, falls nicht, bitte ich vorab um Entschuldigung, liebe Anke. Also. Sie wollte Marathon laufen, bereitete sich, wie es auch im Berufsleben ihre Art ist, perfekt vor. Dann reiste sie nach Montreal, zum Wettkampf, um sich nach 100 Metern Laufstrecke zu fragen, was sie denn hier überhaupt treibe, und vor allem, warum? Da sie zu keiner schlüssigen Antwort kam, blieb sie nach weiteren 20 Metern stehen. Konsequent.

Innerlich bin auch ich bereits ausgestiegen, rufe kurzentschlossen ein Taxiunternehmen an, das mich etwas abseits des Teilnehmerfeldes aufliest (muss ja nicht jeder sehen, wie ich mich vom Acker mache). Im Taxi ereilen mich lästige Kreislaufbeschwerden infolge Unterzucker. Vielleicht hätte ich mich doch besser in die Warteschlangen an den Verpflegungsständen eingereiht? Wurscht. Ich schlafe bald, und als ich erwache, ist Cyprian nur noch 20 Kilometer vom Ziel entfernt. Via WhatsApp feuere ich ihn an und gratuliere um so überschwänglicher, als er seinen Vater mit dem Finish endgültig in den schwärzesten Sport-Schatten stellt. Irgendwann musste es ja eh so weit sein. Glückwunsch, du fußflotter Filius, du hell leuchtender Edelstein im Panorama-Mosaik. Bei mir reichte es nur zum verkrümelten Sandstein, zum Bruchschiefer, zum schnöden Rollsplitt.

Tja, wer unangefochten zum Helden werden will, hat zwei Möglichkeiten: Der Unsterblichkeits-Interessent liefert objektiv messbare Spitzenleistungen ab, oder er lässt sich gar nicht erst in die Karten schauen. Dies gelingt natürlich am besten, wenn man Mosaiken aus dem Wege geht, alleine unterwegs ist und überdies dafür sorgt, dass keine der heute üblichen digitalen Tracking-Methoden ein eventuelles Scheitern dokumentieren können. Kehren wir für ein passendes Beispiel nochmals zurück nach Mauritius, in meine Flitterwoche.

Bin gleich wieder da!

»Ich gehe nur mal kurz an den Strand«, flöte ich meiner Gattin zu, die Sonne lacht, ich schnüre die Schuhe und trete in den tropischen Nachmittag. Die Luft ist weniger drückend als an den Tagen zuvor. Ich folge dem Sandstrand bis zum Ende der Hotelanlage und schaue auf die Uhr. Klock 14. Wenn man schon mal dabei ist, kann man auch gleich einmal gucken, ob's nicht doch hier an der Hotelseite einen Einstieg zum »Public Path« gibt, der »Le Morne«, den imposanten Felsen im Südwesten von Mauritius, auf halber Höhe umringt.

Ich trabe an den uniformierten Sicherheitsleuten vorbei, folge einer steilen Bergstraße und lande an einer Blofeld-würdigen Angebervilla, über der sich der von mir avisierte Wanderweg befinden müsste. Um dorthin zu gelangen, muss ich jedoch durch den Garten des James-Bond-Gegenspielers klettern, und am anderen Ende befindet sich ein hoher Zaun. Hm. Konzentriertes Absuchen des Geländes … ich erspähe ein Loch, klettere hinauf und schlüpfe hindurch. Wenn man schon mal dabei ist, so raune ich mir zu, kann man natürlich auch noch ein paar Höhenmeter weiter, etwa bis zum Abzweig, an dem der eigentliche Gipfelanstieg beginnt.

»Trespassers will be prosecuted«, lese ich auf einem Schild, ehe ich auf grasiger Trasse bergwärts wandere. Unter mir tut sich ein nachgerade lächerlich-kitschiges Panorama auf; eine Landzunge züngelt im türkisen indischen Ozean, darüber ein unbewohntes Inselchen, hach, wie herzig.

Bald bin ich an einem Abzweig. Links Verbleib im Urlaubsparadies, rechts grüne Hölle. Wenn man schon mal dabei ist, murmele ich, zögere kurz, und dann hetze ich einige Serpentinen durch den Regenwald. Die Vegetation wird immer üppiger, aber der Weg bleibt erkennbar. Königsblaue Schmetterlinge fächeln mir warme Luft zu. An einem Rastplatz mit offenbar seit Jahren ungeleerten, überquellenden Mülleimern steht ein großes Schild. Ab hier wird's gefährlich, warnt es, bei Regen auf keinen Fall klettern. Ein Blick zum Himmel: Nein, kein Regen in Sicht. Wie lang man wohl zum Gipfelkreuz braucht? Eine halbe Stunde? Weniger? »Le Morne« ist 500irgendwas Meter hoch, aber das Gipfelkreuz befindet sich ja, wenn ich die Wanderkarte richtig verstehe, gar nicht am höchsten Punkt. Unschlüssige Grübelei: Eigentlich wollte ich mir ja nur kurz die Beine vertreten, aber nun ruft der Berg laut und deutlich meinen Namen …

Auf schmalem Bergpfad geht es steil aufwärts, bis zu einem weiteren Zaun, dessen Tor verschlossen ist. Mannometer, mit Zäunen haben die's hier aber. Auf Verdacht folge ich den Trittspuren am Zaun durch unhandliches Gelände und finde einen Durchschlupf. Jetzt wird's richtig abenteuerlich: Klettern im ersten und zweiten Grat, auf schwarzem, hartem Vulkangestein.

Was wohl Teresa macht? Womöglich lesen. Wir sind hier in unserer Flitterwoche. Man kann gewiss darüber streiten, ob es dem Anlass der Reise angemessen ist, sich bei erstbester Gelegenheit aus dem Staub zu machen. Gestern Abend erst sind wir angekommen, und zack bin ich weg. Nun ja; gleich werde ich wieder bei meiner Gattin sein. Oder?

Schon überhole ich eine Wandergruppe. Ein junger maurizischer Bergführer begleitet fünf Europäer (Skandinavier und Engländer) und ist wohl gerade dabei, seinen Schützlingen eine Umkehr schmackhaft zu machen, weil die Damen lahmen. Und ein alter Engländer ebenfalls aus dem letzten Loch zu pfeifen scheint. Ich sprudele vorbei, stemme mich einen engen Kamin bergauf und frage mich etwas bang, wie ich denn hier

Mein Gesichtsausdruck verrät Erholung und Zuversicht.
Ja, ich bin in der Flitterwoche.

jemals wieder runterkommen soll? Sicherungen sind nicht vorhanden. Eine Heiligenfigur in einer Felsnische ist so abgegriffen, dass ihre konfessionelle Zugehörigkeit unklar bleibt. Vielleicht hilft's ja trotzdem.

Nun ja, solange es nicht regnet, sollte alles machbar sein. Blick in die Ferne: Regengüsse am Horizont und schmuddelgraue Wolkentürme in Küstennähe. Egal, ich bin ja gleich oben. Nur nicht nach unten schauen. Ein weißer Prachtvogel kreist in meiner Nähe, so ein Mix aus Möwe und Mauersegler, einen Meter Spannweite, mit ellenlangen Frackschößen. Was klackt da beim Klettern eigentlich immer so komisch? Es ist mein frisch geschmiedeter Ehering, der bei jedem Griff an den Fels stößt. Ganz neue Kletterklangkulisse.

Die letzten 20 Höhenmeter. Ich zweifle. Schweiß hat meine Kleidung vollständig durchnässt. Trempé comme une soupe, wie der Kreole sagt. Unter mir diskutieren die Wanderer. Umkehren? Quatsch, ich bin doch gleich da. Armkraft ist Trumpf. Zweimal Zickzack, ein luftiges Turnen, dann bin ich am Kreuz. Nicht der höchste Punkt, aber immerhin. Höher ginge es nur für Kammerlander und Co.

Ich stehe auf dem Morne Brabant, einem Berg mit düsterer Geschichte: Im 19. Jahrhundert flüchteten sich afrikanische Sklaven auf das Gipfelplateau und vegetierten hier mehr schlecht als recht – aber immerhin frei. Am 1. Februar 1835 wurde eine Polizeiexpedition Richtung Gipfel geschickt, um den Geflüchteten das Ende der Sklaverei auf Mauritius mitzuteilen. Die Geflüchteten sahen die von unten herannahenden Polizisten, rechneten mit dem Schlimmsten und stürzten sich die Steilwände hinab in den Tod. Seit diesem Tag ist der zweite Februar auf Mauritius ein gesetzlicher Feiertag, an welchem dem Ende der Sklaverei gedacht wird. Ich atme tief durch, bestaune den grasgrünen Ozean in der Tiefe und mache mich auf den Weg nach unten.

Wird auch höchste Zeit, denn die schwarzen Wolken kommen immer näher. Mich teils auf dem Popo bergab tastend, meist jedoch mit dem Gesicht zum Fels, versuche ich, dem Regen zu entfliehen. Unterhalb des Gipfelaufbaus kommt mir die Wandergruppe entgegen. Als Schlusslicht kämpft der englische Senior um jeden Höhenmeter, in seinen Zügen blanke Angst. »Just five minutes to go!«, mache ich ihm Mut. Dann weiter. Ja keinen Fehltritt, sonst bin ich geliefert. Zwei- bis dreihundert Meter freier Fall optional. »Sterben ist der schönste Tod«, wie mein Papa zu sagen pflegt. Aber bitte nicht heute und hier, in meiner Flitterwoche. Huch, ein Tropfen! Und da! Noch einer! Ich versuche zu beschleunigen, aber großes Akzellerationspotenzial bietet das Gelände nicht – außer eben im Sturzflugverfahren. Wer wirklich vorsichtig ist, bleibt immer am

Leben, spreche ich mir Mut zu. Na ja. Überzeugt nur so halb, sagt das Panikzentrum in meinem Hirn, das sich auf erhöhte Aktivität vorbereitet.

Die Tropfenfrequenz nimmt schnell zu, und nach einer Minute prasselt satter Starkregen auf meinen Rücken, als ich, den Bauch an schwarzes Mineral gepresst, taugliche Tritte suche. Während das glatte Gestein im trockenen Zustand besten Grip gewährte, wird es nun schmierschlüpfrig. Mein Herz schlägt bis zum Hals; jeden Griff teste ich mehrfach, überlege auch, ob es nicht besser wäre, einfach hocken zu bleiben, bis der Regen nachlässt. Aber wann wird das sein? Um halb sieben jedenfalls wird es schlagartig dunkel. Vielleicht sollte ich Teresa anrufen, solange mein Handy noch funktioniert – denn wenn es länger so duscht, ist das Ding bald hi'. Tututut – drei kurze Töne, sonst nix. Scheint gerade im Funkloch zu stecken. Bang beuge ich mich gen Berg, über das Telefonino, um nicht nur mich, sondern auch die sensible Elektronik zu schützen. Wenn ich denn unbedingt verscheiden sollte, muss wenigstens mein Fernsprecher überleben! Meine Rettungsversuche sind jedoch wirkungslos. Mit verpixeltem Seufzen siecht das Gerät dahin, suppt voller Wasser, die seltenen Erden hüsteln gequält. Auch meine Augen werden nass, und ich versuche triefblickend die tödliche Feuchte aus meinem Freund zu schütteln. Ein letzter Atemzug, dann ist das Display dunkel. Ich lege mein Ohr ans Herz, höre kein Klopfen mehr, nichts. Wie war das noch mit der Wiederbelebung? Chipdruckmassage im Takt von »Staying alive«, oder? Bee Gees ist immer gut, im Wechsel mit Aussaugen des Stromanschlussloches. Ohne Erfolg. Hinfällig ist, ganz nebenbei, auch die Track-Aufzeichnung meiner Outdoor-App.

Im Kamin, in dem ich vorhin die Wandergruppe überholte, verklettere ich mich gleich mehrfach: Einfaches Klemmstemmen erscheint mir ob der seifigen Wände zu unsicher, aber die größeren Griffe am Rand führen in vertikale Sackgassen hinab. Kurze Pause. Noch ein Blick aufs Handy. Schwarz. Konvulsivisches Pressen des Homebuttons, ohne Reaktion. Ganz ruhig, Wigald. Zurück in den Kamin. Jeder Tritt, jeder Griff muss sitzen. Im Zweifel lieber pausieren und Augen schließen.

Nach einem Viertelstündchen weicht das Geprassel versöhnlichem Nieseln, und neue Hoffnung sprießt aus den Schlacken des Verdrusses. Am Kaminende entfährt mir ein kapitaler Seufzer: Geschafft. Ab jetzt bin ich schon mal außer Gefahr, wenngleich telefonamputiert und bis auf Weiteres unerreichbar. Aufgewühlt trabe ich die Wanderwege hinab, gelange an eine Sandstraße, die jetzt in der Rushhour von Hunderten handtellergroßen Schnecken übervölkert wird. Putput, wollt ihr mit?

Nach eineinhalb Stunden erreiche ich schließlich das Hotel. Teresa hatte sich schon Sorgen gemacht, in der Anlage nach mir gesucht. Ähem. »Wo ich war? Ach, nur einmal kurz um den Pudding. Habe tolle Schnecken gesehen, formidable Haustiere!«

Nun ja, Gastropoden sind nur bedingt wandertauglich, nicht zuletzt wegen ihrer reduzierten Schrittgeschwindigkeit. Aber welche Haustierart ist schon nachteilsfrei? Selbst mit dem »besten Freund des Menschen« sind gelegentliche Meinungsverschiedenheiten nicht gänzlich ausgeschlossen. Zur Beziehung zwischen Fußgänger und Hund ist, wenn ich nicht irre, schon viel, womöglich sogar alles erschöpfend gesagt worden. Ein guter Grund, dieses übervolle, kläffende Körbchen voller Weisheiten husch, husch um ein paar weitere Redundanzen zu erweitern.

Hunde, wollt ihr ewig leben?

Erst mal gibt es natürlich die eingespielten Gespanne: Hasso und Herrchen, kein Blatt Papier passt zwischen die beiden, nie käme Hasso auf die Idee, ohne sein Herrchen einem Hasen nachzujagen oder gar einem anderen Wanderer. Nicht einmal bellen würde er, i wo!

Und dann gibt es da die anderen, die zähnefletschenden Kettenhunde, die den Gutshof bewachen, durch dessen Vorgarten der Wanderweg nun mal geht, direkt an der Hundehütte vorbei. Der vierbeinige Wachsoldat muss seine Unterkunft kaum zur Hälfte verlassen, um dem Wandervogel wenigstens einen Unterschenkel auszureißen und ihn auf der Stelle zu verzehren. Oh, was habe ich diesbezüglich nicht alles erlebt!

Zugegeben: Ich bin ein Spezialfall. Kaum einer schlottert so herzzerreißend wie ich, wenn ich einen bissigen Hund auch nur am Horizont zu erahnen meine. Sogleich entsteigen meinem Dunstkreis die Aromen der Angst, was nicht selten gleich noch ein paar weitere Tiere sich für mich interessieren lässt, die sich sodann zu einer Bell- und Fressgemeinschaft zusammenschließen, mich in ihre Mitte nehmen und mein Hosenbein zwischen die Zähne. Bin ich nicht ein prächtiger Happen, ich zartfleischiger Angsthase?

Die Kenner unter den Hunden wissen, was sie an mir haben. Auf den einschlägigen Kritikerseiten carnivorer Kulinarik werde ich als Delikatesse gehandelt, meine Durchschnittsbewertung bei Mike Pansen, der von Chihuahua bis Mastino beliebten Plattform für Hundefutterbewertung, liegt bei 4,7 von 5 Knochen.

Ich würde lügen, wenn ich behauptete, mein Körper sei mit Narben von Hundeattacken übersäht. In Wirklichkeit ist da nicht viel, kann auch gar nicht sein, weil wesentliche Teile meines Körpers substituiert wurden. Es begann mit dem linken Arm, abgerissen von einem tollwütigen Cockerspaniel auf einer Wanderung zum mallorquinischen Puig Tomir Anfang der Neunzigerjahre. Die balearischen Prothetiker haben ganze Arbeit geleistet, die Kunststoffextremität ist von meinem (r)echten Arm praktisch nicht zu unterscheiden – wenn nicht der Alterskalk in meiner rechten Schulter zu einer eingeschränkten Beweglichkeit führen würde, welche ich links, in der Prothese, natürlich nicht zu beklagen habe. Genauso verhält es sich mit meinem rechten Unterschenkel. Das Original kam mir kurz vor der Jahrtausendwende in Goldstein abhanden, am Osthang des Auerberges in Oberbayern. Mit einem Happs (oder waren es drei?) abgebissen von einem Bernhardiner, ausgerechnet. Die Bäuerin schimpfte nicht mit ihrem Tier, sondern mit mir: »Was laufen sie auch hier an unserem Hof vorbei?« Meinen Einwand, dass es sich um eine öffentliche Straße handele, konnte das aufgebrachte Frauchen womöglich akustisch nicht verarbeiten – gut möglich, dass ich, den Hund mit meinem Bein im Maul vor Augen, etwas undeutlich formulierte. Jedenfalls streichelte sie den zufrieden kauenden Rüden und wies entschuldigend auf sein Alter hin: Er sei eigentlich das liebste Tier der Welt, aber eben schon ein wenig verkalkt, da könne so etwas durchaus vorkommen. Ich solle es als Missverständnis abhaken und mich ansonsten vom Acker machen, aber ein bisschen plötzlich. Und so hinkte ich talwärts, eine kapitale Blutspur hinterlassend, die noch heute auf dem Asphalt erkennbar ist, wenn man denn besonders aufmerksam hinschaut. Noch bevor mir eine innovative Filz-Keramik-Prothese angepasst werden konnte, wurde ich erneut Opfer hungriger Hunde, und zwar bei Dreharbeiten in Köln. Diesmal kamen mir der verbliebene Oberschenkel, das komplette linke Bein inklusive Beckenboden, der linke Lungenflügel sowie ein Teil meiner Kopfhaut abhanden. Während Bein- und Lungenverlust sich durch ausgiebiges Lauftraining und spezielle Atemübungen (»drei kurz – drei lang – drei kurz«) ausgleichen ließen, erinnerte die schüttere Stelle an meinem Hinterkopf weiterhin an den unerquicklichen Vorfall, an dem übrigens hauptsächlich Maltipoo-Welpen beteiligt waren. Aber wozu brauche ich noch Haare, wozu überhaupt Kopfhaut und Schädelknochen?

Das jüngste Festmahl, das ich einem Hund spendierte, war mein Kopf selbst, beziehungsweise mein Brägen, wie man in der norddeutschen Landküche sagt, aus der Knochenhülle gesaugt von einem genussfreudigen Rauhaardackel. Ich war auf »Gute

Frage!«-Tour, gemeinsam mit meinem lieben Kollegen Bernhard Hoëcker. Wir gastierten im westfälischen Bünde, unternahmen am Tag nach unserem Auftritt einen Besuch im Zigarrenmuseum, unter anderem begleitet vom Bünder Bürgermeister. In den dortigen Vitrinen wird dem interessierten Besucher nicht nur die Geschichte der westfälischen Tabakverarbeitung nahegebracht, sondern es gibt auch allerlei außergewöhnliche Exponate zu bestaunen: sonderbare Zigarren in Spiralform, aromatische Bischofsstäbe, aber auch besonders lange und dicke Zigarren, echte Monumentalbrummer aus der Zeit des Wirtschaftswunders.

Ich weiß nicht, welcher Teufel uns ritt, jedenfalls hatte plötzlich einer von uns ein Feuerzeug in der Hand (ich? Der Bürgermeister?) und einer führte die kunstvoll gerollte Spitze des Oschis in meinen Mund (Bernhard? Der Referent des Bürgermeisters?), während ein anderer das Feuerzeug an das andere Ende der Zigarre hielt (Bernhard? Die Museumskuratorin?).

Der verdächtige Geruch der Riesenhavanna hätte mich ebenso stutzig machen sollen wie die Tatsache, dass sie aggressiv knurrte, jedenfalls jaulte die Zigarre plötzlich laut auf, das vermeintlich nikotinträchtige Weibchen gebar spontan sechs Dackelkinder und saugte mir, wohlgemerkt vor Schreck, durch die Mundhöhle und die dem Brägenkasten vorgelagerten Nasennebenhöhlen das Hirn aus der Hülle. Ich wusste nicht, wie mir geschah, geschweige denn, was ich sagen sollte. Nur ein holpriges »Oh ha!« gelang mir, und im Augenwinkel sah ich, wie das panische Tier den Kollegen Hoëcker verschlang, gleichsam als Nachspeise.

Seither ist neurologisch bei mir viel passiert – unter anderem habe ich mir meinen alten Atari 1040 ST in die Birne pflanzen lassen, einen Rechner, der jahrelang bei mir daheim im Speicher auf seine Renaissance wartete. Bernhard konnte aus dem Dackelmagen geborgen werden; die sofort eingeleitete Notoperation in der Kleintierpraxis unweit des Zigarrenmuseums verlief ohne Komplikationen. Nicht nur Bernhard, auch die Dackelmutter und ihre Kinder überlebten und erholten sich schnell.

Mich persönlich können spätestens seit diesem letzten Vorfall scharfe Hunde auf Wanderungen nicht mehr ins Bockshorn jagen – vielleicht auch, weil ein Atari 1040 ST wesentliche Funktionen des Kleinhirns, etwa die Angst, nur unvollständig errechnen kann – ein Nachteil, den ich durchaus zu genießen weiß.

Früher, ganz früher habe ich mich auf Wanderungen, bei Spaziergängen regelmäßig mit Hundehaltern angelegt. »Was würden Sie sagen, wenn ich plötzlich an Ihnen hochspränge und Sie ungefragt abschleckte?«, war so eine Standardfrage, die ich gerne stellte, ohne dass ich so jemals einen konstruktiven Gedankenaustausch angestoßen hätte. Nein, heute fahre ich nicht mehr aus der Haut, weder verbal, noch physisch, weil unter meiner Resthaut ja eh nur noch billige Elektronik quietscht und rostet. Heute stapfe ich unverdrossen geradeaus und ignoriere alle Hunde im Weg, schon weil mein Arbeitsspeicher gar keine andere Methode zulässt.

Wer nun den Eindruck gewonnen hat, es könnte eventuell glühendere Hundefreunde als mich geben, liegt vielleicht so falsch nicht. Die leistungsstärkeren Nebenkammern meines Herzens gehören eher anderen Tieren, etwa *Capra Ibex*, dem gemeinen Steinbock.

Unternehmen Capricorn

Kurz vorm Einschlafen in der Rappenseehütte erzählt der mürrische Bergsteiger, mit dem wir unser Zimmer teilen, dass er morgen via Heilbronner Weg bis auf den Hochvogel wandert. »Nicht schlecht«, nicken mein Sohn Cyprian und ich anerkennend. »Und was habt ihr so vor?«, fragt unser Zimmergenosse. »Nur aufs Hohe Licht. Die harten Sachen kommen erst nächste Woche.« »Soso. Und was sind für euch ‚harte Sachen‘?« »Mit dem Tretroller nach Riva.« »Nach Riva, aha …«

Ende des Gesprächs. Keine Ahnung, was er denkt. Meschugge, die. Oder: Vollidiot, der. Riecht schon so komisch (das Fenster, so befiehlt er, muss die ganze Nacht sperrangelweit auf sein; gekippt reicht nicht).

Schnarchischnarch. Frühes Frühstück, dann rauf aufs Hohe Licht, 2651 Meter hoch. Der zweithöchste Berg der Allgäuer Alpen, nach dem Großen Krottenkopf. Oben ganz schön kalt, trotz Sommersonne. Idealpanorama.

Auf dem Gipfelbild teste ich eine neue In-Geste: Das doppelte Victory-Zeichen, zwei links, zwei rechts. Muss mir noch einen hippen Namen ausdenken, irgendwas mit »vier Finger für …«. Oder ein Four-Letter-Word. Wieder runter und weiter auf dem Heilbronner Weg. Deutschlands unterhaltsamsten Steig. Gerade das Hohe Licht erfreut den Wanderer mit, und jetzt bitte Achtung, das kommende Natur-Wortspiel könnte Sie emotional überfordern: Highlights.

Zwischen den Gehphasen stretche ich mich wie ein Apotheken-Umschau-Model, lasziv neben dem frisch vom Schreiner angelieferte neue Gipfelkreuz des Bockkarkopfes (2609 m), den wir auf dem Heilbronner Weg ebenso überschreiten wie den Steinschartenkopf (2615 m) und den Wilden Mann (2578 m).

In der Nähe der Bockkarscharte kommt es dann zum endgültigen Gipfeltreffen: Ich begegne meinem eigenen Sternzeichen, und zwar mehrfach. So weit, so selten. Und jetzt kommt die Pointe: Mein Sternzeichen läuft nicht weg! Bis auf fünf Meter kann ich mich den unerschrockenen Tieren nähern. Ihr Astrologen der Welt, schaut auf diesen Berg! Ein gutes Dutzend Hornisten zählen wir, dann steigen wir ab zum Waltenberger Haus.

Die Wirtin erzählt, dass sich die Steinböcke (früher in Deutschland so gut wie ausgestorben) sehr, allzu sehr an die vielen Bergwanderer gewöhnt hätten. Immer häufiger rufe jetzt die Bergwacht bei ihr an, und bitte sie, Wanderern zu helfen, die sich vor den Tieren fürchteten. Sonnten sich diese auf dem Weg, würden sich manche Touristen nicht mehr weiter trauen und forderten in ihrer Not bei der Bergwacht eine Luftrettung an. Sachen gibt's …

Drei Steinböcke unter sich.
Ist dies ein Fall für den Bergwacht-Helikopter?

Die erste, mir erinnerliche Begegnung mit Tieren während einer Wanderung war eine Wildschweinfrau. Ich mochte neun gewesen sein, stiefelte mit Papa durch den Hasbruch, einen urigen Wald nahe Oldenburg, und völlig unerwartet, wie in einer Explosion, schoss die Bache von links nach rechts über den Wanderweg.

Ich war ein schmächtiges Kind, wog damals nur wenig mehr als 20 kg, und das gewaltige Tier kam mir vor wie ein Nashorn, ein Lastkraftwagen, ein borstiger Containerfrachter auf Landgang. Ich riss meine Kinderäuglein auf Untertassengröße auf, wich zitternd zurück und presste mich ans Cordhosenbein meines Vaters. Bevor der die Stahlspitze seines Wanderstocks in Stellung bringen konnte, war der Spuk auch schon wieder vorbei.

Dreißig Jahre später traf ich ein deutlich kleineres Tier, dessen Gewahrwerdung sich allerdings ähnlich unabschaltbar in meinem Gedächtnis festgebissen hat, nämlich eine Kreuzotter, die knapp vor meinen Füßen ins Unterholz flüchtete. Die ellenlange Giftschlange war einheitlich schwarz gekleidet, also eine sogenannte »Moorotter«, und der Standort passt bestens hierzu, nämlich ein Moorgebiet nördlich von Prem in Oberbayern.

Die längste Schlange, die mir während einer Wanderung begegnet ist, war wiederum eine kapitale Äskulapnatter im Nowitzki-Format, die sich Ostern 1994 auf einer Verkehrsinsel nahe des Park Güell in Barcelona sonnte. Regungslos hing sie im Straßenbaum und träumte von Sommer, Sonne und Osterlämmern.

Mich beglückte das kapitale Reptil in besonderer Situation: Zwei Tage zuvor war ich mit Olli Dittrich als »Die Doofen« im ausverkauften Münchner Olympiastadion aufgetreten (der Trick: Wir hatten nur 200 Karten verkauft), und aufgrund der Reaktionen ließ sich erahnen, dass der Sommer 1994 zum Jahre der Doofen werden sollte. Bei Doofheit helfen keine Pillen, wie man so schön sagt, und die Äskulapnatter nickte sanft. Oder war es doch Dirk Nowitzki persönlich, der sich da im Geäst auf der Verkehrsinsel sonnte?

Manchem Tier würde ich gerne einmal begegnen, allein: Es hat nicht sollen sein, bisher. Etwa dem Eisvogel. Viele Jahre lang studierte ich einen Zufluss des Lech in der Nähe des Auerbergs, von dem es hieß, er sei ein ausgewiesenes Eisvogelhabitat. Immer wieder durchstreifte ich die Wege in der Nähe der Ufer, robbte verstohlen bis an die steilen Hänge heran, sah das bunte Tier jedoch nie, ebenso wenig wie Kaffernbüffel, Leistenkrokodil und Tyrannosaurus Rex. Aber das wird schon noch. Ich bleibe voller Hoffnung.

Der Blick weitet sich,
und mit ihm mein Herz.

Wohin wandern?

Wenn möglich von A nach B, auf Grenz-
streifen oder den Wehrgängen historischer
Stadtmauern, nach Lourdes, Santiago oder
Mekka, geradewegs zur nächsten Gastwirt-
schaft oder hamsterhaft immer wieder im
Kreis, auf möglichst kleinem Rundkurs – die
Möglichkeiten sind ebenso unbegrenzt wie
die potenziellen Attraktionen am Wegesrand.

Arbeitswege schänden nicht

Was ist Glück? Zunächst die simple Tatsache, unter den Lebenden zu sein. Als Toter bzw. Noch-nicht-Geborener entfällt ein Großteil dessen, was man gemeinhin »irdische Genüsse« nennt. Sodann ist eine gewisse Grundgesundheit vorteilhaft, im Sinne dieses Buches etwa die Mobilität. Gehen ist gut – wobei ich die Gelegenheit nutzen möchte, um auch für das Rollstuhlfahren als Methode zu werben, mit der man über manch schöne Wege ans Ziel gelangt. Ferner: privates Glück, Freunde, Familie, rotzfreche Blagen inkludiert. Auch nicht schlecht im Sinne der Glücksmaximierung sind Jobs, die man nicht gerade abgrundtief hasst. Nicht jeder ist Erbe einer Pralinéfabrik oder verdient mit seinem Hobby einen Haufen Zaster. Für all jene, die sich angeödet durch die Werktage mogeln, gibt es jedoch einen rettenden Plan B: Acht Stunden sind kein Tag. Man garniere die Arbeit mit einer, besser zwei Wanderungen: An den Arbeitsplatz

> **»Man garniere die Arbeit mit einer, besser zwei Wanderungen: An den Arbeitsplatz und wieder heim.«**

und wieder heim. Als Fernsehfachkraft bin ich zumeist in Studios am Stadtrand tätig, verbringe meine Zeit in Gewerbegebieten, wohne jedoch mit Vorliebe ein paar Kilometer weiter stadteinwärts, so dass ich morgens aus eigener Kraft antraben kann. In Köln etwa befinden sich die Studios in der Nachbarstadt Hürth-Kalscheuren bzw. im Stadtteil Ossendorf, und ich wohne im bereits erwähnten Hotel Savoy am Hauptbahnhof, dessen Stammkunde ich seit über 20 Jahren bin. Vom Mediapark bis vors Werkstor kann man Grünanlagen wie den Blücherpark und die anschließenden Schrebergärten durchstreunen, sieben Kilometer lang ohne nennenswerten Autokontakt. Ähnlich verhält es sich mit Sendungen, die im »Studio Hamburg« in Wandsbek produziert werden. Vom Hotel an der Alster geht es am Ufer des Flüsschens Wandse entlang bis zum Studio, auch diese Strecke gar nicht großstädtisch, sondern über idyllische Parkwege. Die Bavaria-Studios in Grünwald schließlich sind an der Isar entlang zu erlaufen. Ich gestehe gerne, dass ich schon so manchen Job ausschließlich aufgrund des sich anbietenden attraktiven Arbeitsweges angenommen habe. Wer mich also in Fernsehshows mitwirken sieht, deren Sinnhaftigkeit unklar ist, in denen ich deplatziert wirke, gar innerlich abwesend, der ziehe die Möglichkeit in Erwägung, dass ich in Gedanken noch auf dem Weg bin und Frühlingsblumen, Weinbergschnecken oder Laubhaufen studiere. Und während ich vor der Kamera am liebsten auf Improvisation und Spontaneität setze, so sind meine Arbeitswege zumeist akribisch durchgeplant – natürlich auch, um ja nicht verspätet an der Werkbank zu erscheinen.

Vorbild ist mir hierbei, wie so oft: mein Papa. Er pendelte zeitlebens vom Oldenburger Stadtteil Osternburg in die Innenstadt, bei Wind und Wetter, immer zu Fuß, entweder zur dortigen Filiale der Bremer Landesbank, später, um am Hauptbahnhof einen Zug gen Bremen zu besteigen. Und abends wieder zurück. Und schon als Kind bewunderte ich meinen Papa hierfür – ich sah in ihm einen Helden der Beständigkeit, außerdem einen Naturburschen in Nadelstreifen. Wie ertragreich oder innovativ Papas Lebenswerk als Bankkaufmann war, mögen andere beurteilen. Als Fußgänger ist sein Lebenswerk schon wegen seiner Arbeitswege beachtlich. Krank war er nie, Bettruhe lag ihm nicht, schon allein, weil dann ja seine täglichen sechs Kilometer flachgefallen wären. Er durchschritt Elvis' Wehrdienst in Deutschland, die Kuba-Krise, wie Chruschtschow mit'm Schuh aufs Rednerpult der UN haute, er ging durch die Sturmflut 1962, die Schneekatastrophe 1977, Beatles, Abba, Karajan, Klaus & Klaus, Kälteperioden und Hitzesommer, immer korrekt gekleidet.

Im Gegensatz zu Papa habe ich bei meinen Arbeitswegen neben dem Fußwerk auch vorzügliche Erfahrungen mit Fahrrädern, Tretrollern, auch mit Trams und Bussen gemacht, aber am unkompliziertesten geht's – natürlich – zu Fuß. Keine Reifenpanne und keine Verspätung kann dich zur Weißglut bringen. Dass ich mit dem Auto pendelte, liegt schon viele Jahre zurück. Bereits zu Beginn des Jahrtausends verlor ich durch Staus und Parkplatzsuche die Lust am motorisierten Individualverkehr. So genau kann ich mich an die Schwächen des Töff-Töffs gar nicht mehr erinnern, aber ich habe mir sagen lassen, dass es auch heute noch Stopp & Go gibt. Abgefahren. Oder eben nicht.

Mit derartigen Autofragen sollte man die Nutzer sozialer Netzwerke übrigens besser nicht behelligen – von 0 auf 100 schäumt der Streit in fünf Sekunden, und dann befehden sich Autofreunde und -verächter, bis der Sprit alle ist.

Von Rötz nach Quetsch

Aber ich will gerecht sein. Soziale Netzwerke haben nicht nur unerfreuliche Seiten. Ich habe auch schon kollektive Kreativitätsexplosionen erlebt, die nicht nur mich, sondern die gesamte Leserschaft befruchteten, inspirierten, Pforten in neue, einladende Ländereien öffneten. Dies gilt auch und gerade für alle Fachfragen rund ums Wandern.

Aber der Reihe nach. Ausgangspunkt war der 35. Geburtstag meiner Frau Teresa. Mein Schwiegervater lud auf ein Wochenende in einem kinderfreundlichen Hotel im Bayerischen Wald ein, mit Ponyreiten, Wasserrutschen-Paradies und Piratenbar in der Zwergerl-Gastronomie. Am Freitag reisten wir an, richteten uns ein und schlugen uns die Bäuche voll. Den Samstag verjubelten wir im Spaßbadebereich, und als ich in einer kurzen Erholungspause in meinem Hotelbademantel auf der Liege lümmele, fällt mein Blick auf einen Hotelflyer, dessen Rückseite mit einer groben Umgebungskarte bedruckt ist. Schläfrig wandern meine Augen über das Reklameblatt, aber dann stolpere ich über zwei Ortsnamen und bin sogleich hellwach: »Rötz« heißt ein Dorf, nicht weit vom Hotel entfernt, und ein anderer Weiler, wiederum ganz in der Nähe, heißt »Quetsch« – behauptet jedenfalls das Faltblatt. Man kann ja heutzutage nicht ausschließen, dass irgendwelche Werber sich derartige Ortsnamen lediglich ausdenken, als Augenfutter, um die Attraktivität der Gegend zu steigern, aber andererseits: Warum denn nicht? Augenblicklich steht mein Entschluss fest: Da musst du hin! Und wenn die

Die Bommelmütze gehört eigentlich meiner Tochter Mathilda (2).
Musste ich mich ganz schön reinquetschen.

Käffer (Verzeihung, liebe Rötzer und Quetscher, ich gebe nur wieder, was ich in diesem Moment dachte), wenn also die Ortschaften schon so einladend nebeneinander liegen, dann werden sie wie zwei Perlen auf einer Schnur abgewandert, juchhu! Beim Abendessen berichtete ich meinem Schwiegervater von meiner Entdeckung, und er war sogleich Feuer und Flamme, mich auf diesem Weg zu begleiten. Mein lieber Schwiegervater, Gerhard lautet sein Name, ist seines Zeichens Studienrat für Latein und katholische Religionslehre, dabei ein freier Geist, der mit einem satten Pinselstrich bajuwarischem Anarchismus grundiert ist. Hundehalter ist er auch, der struppig ergraute Terrierverschnitt hört auf den schönen Namen Bobby, jedenfalls meistens. Um die Sache bis zum gemeinsamen Geburtstagsfrühstück hinter uns gebracht zu haben, vereinbaren wir eine Autoanfahrt zum Startpunkt, zu welchem wir Rötz erklären.

Wir machen aus, dass ich um sechs Uhr an der Tür des Schwiegerzimmers klopfe, und so geschieht es. Kaffee gibt es noch nicht, wir schleichen unbemerkt an der unbesetzten Rezeption vorbei und stehlen uns zum Parkplatz, ins Auto.

Brumm-brumm, kaum eine Viertelstunde gondeln wir durch den Woid, begegnen keinem weiteren Gefährt, nichts und niemandem, dann sind wir in Rötz. Unwillkürlich läuft meine Nase, ist aber vielleicht nur Folge der frischen Vorfrühlingsluft. Oder habe ich eine Hundehaarallergie? Vielleicht nehme ich unser Wandervorhaben auch einfach zu ernst. Rötz jedenfalls ist ein bescheidener, dabei gepflegter Weiler, der aus einer Handvoll Gehöften besteht. Kein Museum, kein Supermarkt, keine Kathedrale sind zu sehen, aber auch keine Schleimschicht über den Häusern, höchstens Raureif, der sich jedoch in wenigen Minuten, wenn die Sonne über die Bergkuppen gekrabbelt ist, rückstandslos auflösen wird.

Einige Minuten lang sondieren wir mögliche Parkplätze, wollen uns auf keinen Fall irgendeinem Rötzer in den Weg oder in die Einfahrt stellen. Dann wird Bobby an die Leine genommen, und wir beginnen unseren Gang nach Quetsch. Der Verbindungsweg zwischen den beiden Orten ist doppelt ausgelegt: Da ist zum einen die bequeme Asphaltstraße, zum anderen ein grober Forstweg direkt daneben. Zunächst trotten wir auf der Straße, linksrandig, wie sich's gehört. Bobby bevorzugt allerdings die rechte Straßenseite. Wenn jetzt ein Auto käme, egal ob von vorne oder von hinten, dann müsste es unter Bobbys Hundeleine hindurchfahren, oder darüberspringen. Oder hineinfahren und uns mitreißen, nach Deggendorf oder Prag, je nach dem. Aber kein Auto weit und breit. Monströs und angeberisch geht die Sonne auf, dunkelgelb gleißend wie ein platt zu walzender Stahlklumpen in einer Duisburger Industrieschmiede.

Den Hundepfoten zuliebe weichen wir nunmehr auf den Forstweg aus, und sogleich wedelt Bobby in Höchstamplitude mit dem Schwanz, stöbert Wühlmäusen und Schmetterlingstrameten hinterher.

Ein interessanter Nebenaspekt an dieser Wanderung ist ihre Länge: Ich weiß gar nicht, ob wir überhaupt eine einzige Meile ergangen sind, als wir bereits den Ortsrand von Quetsch erreichen, der vom »Haus Ingrid« markiert wird. Vielleicht handelt es sich um eine Pension, darauf jedenfalls könnte der Name hindeuten, aber vielleicht heißt die Bewohnerin auch Ingrid und hat sich ein besonders großes Klingelschild gegönnt, nebst Hinweis auf die Unterart des Gebäudes, nämlich, dass es sich um ein Haus handelt. Aber zurück zur Länge. Ich habe unsere Schritte nicht gezählt. Lass es einen, eineinhalb Kilometer sein, länger ist der Weg von Rötz nach Quetsch gewiss nicht. Man kann also ohne Übertreibung von einer Kurzwanderung sprechen, oder vom Gegenteil eines Fernwanderweges, nämlich von einen Nahwanderweg. Und doch trennen Rötz und Quetsch Welten. Hier: strenger Raureif, sibirisches Flair und ein zur drohenden Verkühlung passender Name. Da: liebliches Schmiedelicht, zusammengekniffene Äuglein, dampfende Achselhöhlen, Haus Ingrid. Und dann die Pointe, das »Gasthaus zur Quetsch«. Da schau her! Die Quetsch, also ein Fluss – mutmaße ich spontan. Aber mein lieber Schwiegervater wirft sogleich eine weitere Hypothese ins warme Morgenlicht, nämlich die Theorie vom Kieswerk bzw. einer Quetsch, also einer Maschine, in der Steine zerkleinert werden. Wir sind kaum 20 Minuten unterwegs und unsere Köpfe dampfen nicht weniger als unsere Achseln. Wer braucht Kaffee, wenn er sich mit solchen Fragen beschäftigen darf?

Für den Rückweg beschließen wir uns zu trennen: Gerhard geht mit Bobby auf gleichem Wege zurück, ich nehme noch einen kleinen Umweg unter die Hufe, um noch stärker durchgewärmt zu werden. Bobby ist die Trennung nicht geheuer. Er streikt, bleibt ratlos auf der Straße vor dem Gasthaus zur Quetsch hocken. Was soll der Quetsch, äh, Quatsch? Warum trennen sich die (mittlerweile etwas zu warm) angezogenen Zweibeiner? Sind wir hier nicht als ein Rudel unterwegs? Ich passiere im Geschwindschritt eine Schießsportanlage, durchschlurfe die Ortschaft Augrub und höre bereits die Rötzglocken läuten, als Bobby noch immer widerwillig an der Leine zerrt. Schon nähert sich mein Mikromarsch seinem Ende, ich studiere den Himmel über Rötz (eiter bis wolkig), dann begegnen wir uns am Auto. Der Hund mault, steigt aber schließlich doch ein, und dann geht es ab zum Frühstücksbuffet im Familotel (5 % Rabatt mit Familotel-Karte).

Und jetzt zurück zu den sozialen Netzwerken. Als ich den Followern von unserem morgendlichen Kurztrip berichte, schließe ich mit der Bitte um Tipps. Kennt ihr ähnliche prägnante Wege, von A nach B? Als Beispiele nannte ich: Von Elend nach Sorge (Harz) oder von Flecken nach Seifen (Allgäu). Die Antworten fielen ebenso zahlreich wie inspirierend aus. Ich präsentiere im Folgenden nur eine unvollständige Auswahl. Bitte anschnallen, los geht's:

- Von Engelskirchen nach Rom (Nordrhein-Westfalen) → 28 km
- Von Apfelbaum ins benachbarte Birnbaum (Nordrhein-Westfalen) → 450 m
- Von Fensterseifen nach Anschau (Rheinland-Pfalz) → 3,1 km
- Von Brunsen nach Pinkler (Niedersachsen) → 8,9 km
- Von Amerika nach Paradies (Niedersachsen) → 40 km
- Von Grönland nach Sibirien (Schleswig-Holstein) → 8,7 km
- Von Bettenhausen nach Busenweiler (Baden-Württemberg) → 5,9 km
- Von Poppenweiler nach Freudental (Baden-Württemberg) → 22 km
- Von Geilenkirchen nach Puffendorf (Nordrhein-Westfalen) → 7,8 km
- Von Wahn nach Pech (Nordrhein-Westfalen) → 27 km
- Von Himmelreich nach Höllental (Baden-Württemberg) → 4,7 km
- Von Mützenich nach Kalterherberg (Rheinland-Pfalz) → 38 km
- Von Brunzenberg nach Spaichbühl (Baden-Württemberg) → 2 km
- Von Erbstorf nach Linsengericht (Hessen) → 402 km
- Von Busendorf nach Poppenreuth (Bayern) → 75 km
- Von Waldfeucht nach Geilenkirchen (Nordrhein-Westfalen) → 16 km
- Von Fliegenberg nach Hunden (Niedersachsen) → 13 km
- Von Bratwurst nach Essen (Nordrhein-Westfalen) → 26 km

- Von Ente nach Hoffnung (Nordrhein-Westfalen) → 11 km
- Von Lieberose nach Blasdorf (Brandenburg) → 4,5 km
- Von Kübelstein über Würgau nach Kotzendorf (Bayern) → 11 km
- Von Siehdichum nach Müllrose (Brandenburg) → 11 km
- Von Gingen über Süssen nach Kuchen (Baden-Württemberg) → 9,7 km
- Von Holz nach Eisen (Saarland) → 39 km
- Von Wetter nach Schnee (Nordrhein-Westfalen) → 8 km
- Von Hebsack nach Poppenweiler (Baden-Württemberg) → 21 km
- Von Süchteln nach Schiefbahn (Nordrhein-Westfalen) → 15 km
- Von Murr (Baden-Württemberg) nach Katzenelnbogen (Rheinland-Pfalz) → 197 km
- Von Hirnschnell nach Brennschinken (Bayern) → 25 km
- Von Biere nach Pißdorf (Sachsen-Anhalt) → 36 km
- Von Einöd nach Sexau (Saarland) → 165 km
- Von Regen (oder von Spalt aus) nach Feucht (Bayern) → 169 km (36 km)
- Von Langwasser nach Schwimmbach (Bayern) → 132 km
- Von Kleinfalke nach Wildetaube (Thüringen) → 14 km
- Von Lederhose nach Großeutersdorf (Thüringen) → 31 km
- Von Rammelburg nach Popperode (Sachsen-Anhalt) → 5,6 km

- Von Oberelend nach Unterelend (Bayern) → 550 m
- Von Oberholzklau nach Niederholzklau (Nordrhein-Westfalen) → 2 km
- Von Langweiler nach Abentheuer (Rheinland-Pfalz) → 20 km
- Von Petting nach Tittmoning (Bayern) → 19 km
- Von Fettehenne über Tittenberg und Kuhscheißhagen nach Faulebutter (Nordrhein-Westfalen) → 159 km
- Von Krankenhagen nach Todenmann (Niedersachsen) → 8,4 km
- Von Celle nach Offen (Niedersachsen) → 19 km
- Von Boston nach Philadelphia (Brandenburg) → 3,6 km
- Von Wassersuppe nach Kotzen (Brandenburg) → 11 km
- Von Würges über Brechen nach Oberbrechen (Hessen) → 14 km
- Von Bethlehem nach Ostern (Bayern) → 23 km
- Von Mückenloch nach Eiterbach (Baden-Württemberg) → 49 km
- Von Ostereistedt nach Himmelpforten (Niedersachsen) → 42 km
- Von Thailen nach Habenichts (Saarland) → 29 km
- Von Ritzleben nach Binde (Sachsen-Anhalt) → 3,5 km
- Von Sommerloch nach Winterbach (Rheinland-Pfalz) → 10 km
- Von Hymendorf nach Fickmühlen (Niedersachsen) → 8,6 km
- Von Mücke (Hessen) nach Floh (Thüringen) → 119 km
- Von Meineweh über Unterkaka nach Oberkaka (Sachsen-Anhalt) → 3,3 km
- Von Hodenhagen nach Meinkot (man kann auch in Bösdorf losgehen; Niedersachsen) → 114 km
- Von Hönnepel nach Kehrum (und wieder zurück; Nordrhein-Westfalen) → 6,4 km (12,8 km)
- Von Paradies in die Frohe Zukunft (Thüringen) → 6,4 km (12,8 km)

- Von Mitterhöll über Teufelsküche und Oberhöll nach Unterhöll (Bayern) → 27 km
- Von Essen nach Darmstadt (Nordrhein-Westfalen) → 248 km
- Von Damm nach Bricht (Nordrhein-Westfalen) → 3,5 km
- Von Großgeschaidt nach Kleingeschaidt (Bayern) → 750 m
- Von Kummerfeld nach Glückstadt (Schleswig-Holstein) → 32 km
- Von Quaal nach Frohsein (Schleswig-Holstein) → 83 km
- Von Friedlos nach Machtlos (Hessen) → 19 km
- Von Niedereimer nach Obereimer (Nordrhein-Westfalen) → 1,7 km
- Von Busenhausen nach Eichelhardt (Rheinland-Pfalz) → 5,3 km
- Von Hoffnungsthal (Nordrhein-Westfalen) nach Zuflucht (Baden-Württemberg) → 214 km
- Von Haarzopf nach Lockenfeld (Nordrhein-Westfalen) → 69 km
- Von Nassenerfurth nach Trockenerfurth (Hessen) → 2,3 km
- Von Büchsenschinken über Kuddewörde nach Köthel (Schleswig-Holstein) → 17 km
- Von Leck nach Geil (Schleswig-Holstein) → 45 km
- Von Katzhütte (Thüringen) nach Hundsgrün (Sachsen) → 58 km
- Von Geiselhöhe nach Prügeldorf (Bayern) → 600 m
- Von Süden (Nordfriesland) über Osten (Kreis Cuxhaven) und Norden (Kreis Aurich) nach Westen (Kreis Verden) Und schließlich wieder zurück nach Welt (Kreis Nordfriesland) → 688 km
- Von Immer (Niedersachsen) nach Nimmer (Nordrhein-Westfalen) → 222 km
- Von Warzen nach Petze (Niedersachsen) → 17 km
- Von Prügel (Bayern) nach Aua (Hessen) → 170 km
- Von Altensalzkoth nach Grauen (Niedersachsen) → 11 km

- Von Poppenhausen nach Schlitz (Hessen) → 89 km
- Von Schabernack nach Au (Nordrhein-Westfalen) → 4,3 km
- Von Siebeneckskņöll nach Winseldorf (Schleswig-Holstein) → 13 km
- Von Husten nach Halbhusten (Nordrhein-Westfalen) → 1,2 km

- Von Gottesgabe nach Gotteswohnung (Nordfriesland) → 238 km
- Von Irrhausen nach Zweifelscheid (Rheinland-Pfalz) → 8 km

Ich kann nicht mehr …

Wer all diese heimischen Wege abgegangen ist, darf sich, ganz nach Gusto, mit einer Stadtwanderung belohnen, und zwar in einer fremden Stadt. Nein, nicht Delmenhorst oder Dinkelsbühl, sondern janz weit draußen, hinter den sieben Bergen, auf der anderen Seite des großen Teiches, zum Beispiel …

Stadt, Land, Fuß

In Marrakesch. Eine alte, enge, mopedabgasgeschwängerte, dabei wunderschöne Altstadt, die den Touristen zu ausgiebigen Stadtwanderungen verführt – in der Regel allerdings völlig unfreiwillig, da das Gängegewirr der Souks den auswärtigen Gast orientierungstechnisch überfordert. So jedenfalls ging es uns – dabei zeigte uns der Wirt unserer Herberge noch am Abend unserer Ankunft die labyrinthische Route zum Djemaa el Fna, dem zentralen Platz, auf dem ein Dutzend Schlangenbeschwörer ihr traditionsreiches Handwerk demonstrieren: Kapitale Kobras werden unter den Klängen spezieller Doppelrohrblasinstrumente in hypnotisches Schunkeln versetzt, ein Phänomen, das dem ein oder anderen Europäer von Besuchen in Peter Steiners Musikantenstadl bekannt sein dürfte. Doch während sich die Reptiloiden des Nordens durch sogenanntes »Jodeln« bzw. die Technik der »Polonaise Blankenese« beschwören lassen, geschieht dies in Marrakesch per Schalmei, was etymologisch nichts anderes ist als der verwitterte Rest des spätmittelalterlichen Wortes »Schalangenmeister«.

Ob es an den bewusstseinstrübenden Klängen der Schalangenmeister lag, dass wir uns bereits am nächsten Morgen nicht mehr an den korrekten Zickzackkurs durch die Markthallen erinnern konnten? Unsere suchenden Blicke entlarvten uns nach wenigen Metern als Touristen, und sogleich stellten sich uns angeblich ortskundige, wenngleich nicht zertifizierte Wanderführer in den Weg und fragten: »Djemaa el Fna?« Diese Frage hörten wir in den kommenden Tagen Hunderte, ach was, Tausende Male, und um uns, als wir nach ebenso vielen Irrungen und Wirrungen endlich die Orientierung wiedergefunden hatten, vor dem latent lästigen Überangebot der Scouts zu schützen, erwarben wir gleich mehrere Djellabas. Teresa wählte einen feinen Umhang aus mohnrotem Samt, ich bevorzugte eben jenes braun, in dem man besonders gut Tannenbäume zum Wertstoffhof transportieren kann.

Touristen, die Djellabas tragen, sind in Marokko eine echte Attraktion, ungefähr so, wie Ankömmlinge aus den Maghreb-Staaten, die bereits am zweiten Tag ihres Erstaufenthaltes in der Bundesrepublik Deutschland Dirndl und Trachtenanzug mit Hirschhornknöpfen tragen, oder gleich Lederhose und Gamsbart am Hut. Wir jedenfalls hörten nicht selten in unseren Rücken Tuscheln, Kichern und Prusten.

Es gibt da doch dieses teutonische Touristen-Klischee von weißen Socken in Sandalen – das Einkleiden in der Landestracht geht darüber noch hinaus. Wer's auf die Spitze treiben will, verwechselt vorsätzlich Land und Leute und trägt beispielsweise Poncho und Sombrero auf Mallorca. Hauptsache Italien.

Neben der urtümlichen Altstadt mit ihren vielen Djellaba-Trägern gibt es in Marrakesch auch ein modernes Geschäftsviertel, in dem sich unter anderem eine angesehene Galerie für Moderne Kunst befindet. Ein Freund aus Paris, ambitionierter Fotograf, der ungegenständliche, verwaschen-mehrdeutige, auf jeden Fall äußerst elaborierte Lichtbilder kreiert, lässt sich von diesem Galeristen vertreten, und wir ließen es uns nicht nehmen, seine Werke in diesem schicken, durch und durch westlichen Hohetempel der modernen Kunst

In einem kleinen Kabuff ließen wir uns einen Stapel Bilder vorführen, dann legten wir eine Rast bei Starbucks gegenüber ein und ließen unsere Namen in arabischen Lettern auf die Kaffeebecher kritzeln. Drollig!

zu begutachten. Mit allem hätten die geschniegelten Kunstfreunde in ihrem bauhäuslichen Kubus gerechnet, nicht jedoch mit zwei Djellaba-Trägern – skeptischere Blicke habe ich überhaupt nie in meinem Nacken gespürt als an diesem Platz. Was waren das für Leute, also: wir? In jenen Jahren war islamistischer Terror auf den Titelblättern der Tageszeitungen allgegenwärtig, und eine gewisse Spannung ließ die hübschen Galerinas (Insider-Fachbegriff für Mannequins im Einsatz als Kunstverkäuferinnen) erzittern. Oder waren wir doch keine Terror- sondern lediglich Touristen? Harmlose Irre, entwaffnend durchgeknallt? In einem kleinen Kabuff ließen wir uns einen Stapel Bilder vorführen, dann legten wir eine Rast bei Starbucks gegenüber ein und ließen unsere Namen in arabischen Lettern auf die Kaffeebecher kritzeln. Drollig! Auf dem Rückweg durchstiefelten wir die Villa Oasis von Yves-Saint Laurent sowie den Jardin Majorelle, einen ungemein sehenswerten botanischen Garten, jenen Ort, an dem der Modeschöpfer laut Wikipedia die Existenz von Farben überhaupt erst zur Kenntnis genommen habe – vorher habe es für ihn ausschließlich Schwarz und Weiß gegeben. Auch an dieser Kultstätte des guten Geschmacks ernteten wir in unseren Djellabas süß-saure Blicke, vielleicht auch, weil wir immer noch unsere vollgekritzelten Starbucks-Papp-Pokale mit uns herumtrugen, also knapp vor Happy-Meal-Tüte. Eine ältere Bildungsbürgerin nuschelte sogar »Chacun à son gout«, als wir an ihr vorbeigingen.

Leichte Schauer infolge schwerer Schamattacken ließen uns bald den Rückweg antreten. Kaum befanden wir uns wieder innerhalb der stolzen Stadtbefestigung, wurden wir erneut zum bevorzugten Ziel potenzieller Stadtwanderführer. »Djemaa el Fna?«, schallte es uns aus dutzenden Mündern entgegen. Einer ließ sich auch durch eindeutige Gesten und in diversen Sprachen vorgebrachte Absagen nicht beirren, klebte an uns wie eine Klette. Für den älteren Herrn handelte es sich offenkundig um ein Duell der Ehre. Wer hat den längeren Atem: Er oder diese strunzdummen Touristen in der Landestracht? Irgendwann allerdings platzte Teresa der Kragen, und sie herrschte ihn an, dass Allah sein aufdringliches Tun nicht gutheißen würde. Ob sie denn Muslima sei? »Allerdings!«, brach es im Affekt aus ihr heraus, und sie sei auf der Suche nach einer Apotheke, weil sie unter einer extrem ansteckenden, unheilbaren Krankheit leide und dringend Medikamente brauche. Der Mann erbleichte, verschwand augenblicklich, und Teresa rieb sich die Hände und beendete den Vorgang mit einem knappen »Fall erledigt!« 1:0 für uns im Duell kaufkräftiger Mitteleuropäer gegen autochthone Stadtbevölkerung.

Apropos Kaufkraft. Bald darauf passierten wir die Verkaufsstätte eines Mützenhändlers, und ich nahm eine wollende Kopfbedeckung prüfend in die Hand. Sogleich stürzte sich der gewiefte Händler auf mich, erzählte mir in blumigen Worten, wie sehr mein Aussehen durch diese Mütze gewänne, bald sah ich mich außerstande, seinen Vortrag mit ästhetischen Argumenten zu entkräften und sagte in meiner Not wahrheitsgemäß, dass ich eh kein Geld mehr habe und erst einmal einen Geldautomaten besuchen müsse. Zwölf Minuten und ebenso viele Souk-Gassen weiter fand ich tatsächlich einen Geldautomaten, hob ein paar Hundert Dirham ab, drehte mich um, und wer stand da, versperrte mir den Weg und wedelte breit grinsend mit der blöden Wollkappe? Genau, der Mützenverkäufer, richtig geraten. 1:1.

Diese Beispiele mögen belegen, dass Stadtwanderungen durch Marrakesch ungemein ereignisreich sind – und wenn die Füße nach einigen Stunden qualmen wie die allgegenwärtigen Kleinkrafträder, bietet es sich an, Erholung in Bus und Bahn zu suchen. Eigentlich wollten wie nach Essaouira fahren, das berühmte Künstlerdorf am Atlantik. Der passende Überlandbus war allerdings schon voll, und so beschlossen wir, in den nächsten einzusteigen, Destination egal. Gesagt, getan. Wo der Zielort Ouazazate liegt, wussten wir damals nicht, aber 12 Stunden später waren wir bestens informiert, nämlich: Einmal rüber über das Atlas-Gebirge, am Rande der Sahara. Ouazazate ist eine Filmstadt, hier wurde unter anderem »Game of Thrones«, die »Päpstin«, der »Medicus« und »Gladiator« gedreht. Für eine Besichtigung der Studios blieb allerdings keine Zeit; wir aßen lediglich einen Kalbskopf, studierten das Treiben der Berber auf den Straßen und fuhren anschließend wieder zurück nach Marrakesch.

Auch nach einwöchigem Aufenthalt gelang es uns nur unter Mühen, den Weg von der Pension zum Djemaa el Fna zurückzulegen – dabei war die Route keine zwei Kilometer lang. Als erfahrener Fußgänger möchte ich Marrakesch besondere Irrgarten-Qualitäten attestieren, mit dem Ausdruck höchsten Respekts.

Am anderen Ende der Übersichtlichkeitsskala erlaube ich mir, New York City anzusiedeln, eine Großgemeinde, die es auch dem verwirrtesten, unkonzentriertesten Stadtwanderer äußerst schwer macht, sich zu verlaufen.

So wie Marrakesch ist auch »The Big Apple« eine hervorragende Destination für Fußgänger, doch während der marokkanische Moloch das Auge des Besuchers auf verwirrende Details lenkt und mit unübersichtlichen Scharmützeln fesselt, sind es in New York die großen Entwürfe und Ideen, die überzeugen. Geht schon mit der Stadtanlage los, dem »Grid Plan«: In Manhattan ist alles rechtwinklig und durchnummeriert, von wenigen Ausnahmen abgesehen, vor allem vom Broadway, der sich querstellt und das Raster durchkreuzt. Ich meine, es war der Spex-Journalist Diedrich Diederichsen, der Manhattan einst als eine Metapher auf das menschliche Gehirn deutete – vermeintlich rational, aber dann ist da eben der Broadway, der die Ordnung konterkariert– und raus kommt z. B. Donald Trump. Letzteres hat Diederichsen natürlich nicht gesagt, sondern ich hab's hinzugefügt, aus der Lamäng. Vielleicht war's auch gar nicht Dietrich, sondern sein Bruder Detlef. Doch halt, war das überhaupt sein Bruder? Hm. Könnte natürlich sein, dass keiner der beiden, sondern Andrian Kreye die Hirnidee hatte. Oder Thomas Hüetlin, der war doch damals Spiegel-Korrespondent in New York.

Damals, das war 1993. In kurzen Hosen und Kniestrümpfen, bewaffnet mit einer Pocketkamera durchstreunten meine damalige Freundin und ich meine Sehnsuchts-, meine Traumstadt.

Für mich als Jazzfan stand natürlich Musik im Vordergrund: Im Village Vanguard lauschte ich wie eine wippende Kobra den Schalangenmeistern der Count Basie Ghost Band und wunderte mich, dass während des Konzerts Essen serviert wurde – in Europa hatte ich Jazz eher als Teil der Hochkultur kennengelernt, hier taugte er zur Tischmusik. In Coney Island wiederum bestaunte ich eine strunzbürgerliche afroamerikanische Familie, die am Strand im Klappstuhl saß und aus einem mitgebrachten Ghettoblaster Freddie Hubbard trompeten ließ. Yeah! Mehrfach durchquerten wir Manhattan in Gänze zu Fuß; der Weg hatte einen Wallfahrtscharakter, wenn man ihn nämlich vom Battery Park im Süden nach Harlem ging, ungefähr entlang der U-Bahn-Linie A, zum Cotton Club, wo Duke Ellington »Mood Indigo« und eben »Take the A Train« schrieb. Die Hauptroute war – natürlich – der Broadway, aber wie etwa beim Jakobsweg gibt es unzählige Parallelrouten, die dem Hauptweg in nichts nachstehen – zumal, wenn man sich auch nur einen Hauch für Kunst & Kultur des 20. Jahrhunderts interessiert, oder ganz einfach für die Funktionsweise des menschlichen Gehirns.

> **»Für Flachlandtiroler wie mich hatte (und hat) eine Traversierung New York Citys allerdings auch etwas von einer Gebirgsdurchquerung.«**

Für Flachlandtiroler wie mich hatte (und hat) eine Traversierung New York Citys allerdings auch etwas von einer Gebirgsdurchquerung. Es geht gleich hinterm Fähranleger los, damals mit den Zinnen des World Trade Center, dessen Gipfelplateau wir nach langem Schlangestehen nicht per Seilbahn, aber doch per Fahrstuhl erreichten. Am Woolworth Building bestaunte ich die sakral anmutenden Ornamente in der Fassade, ein sogenanntes »Tympanon«, auf dem Handelsberufe dargestellt sind: Kassierer, Einkäufer, Buchhalter (habe ich das richtig in Erinnerung? Falls nicht, ist wenigstens die Idee nicht schlecht). Das Woolworth Building präsentiert sich so als Kathedrale des Kommerzes, und 1993, als nicht eben wohlhabender Anfänger im Showgeschäft, stand ich wie ein armer Sünder vor dem Portal, in jenem tiefen Tal, das sich nordwärts quer durch die steilen Häusergebirge schlängelt, und gelobte Kaufkraft.

Durch Chinatown und Soho ging's zum Flatiron, dem Bügeleisen-Building. Häuser, die aussehen wie Haushaltsgeräte: Da ist noch Spielraum für die Zukunft der Architektur. Wer will nicht gerne im Wischmopp wohnen, wer im Schneebesen, ganz oben?

Abstecher auf die Gipfel, Giebelkreuze sammeln. Das Chrysler Building nahmen wir mit, auch das Empire State Building. Das Trump Building passierten wir ebenfalls, beömmelten uns über den damals noch so harmlos wirkenden Tycoon zwischen Chuzpe und Ulk, Protz und Peinlichkeit. In diesem Zusammenhang fallen mir auch die Stretchlimos ein, die ich damals zum ersten Mal sah, und als Fußgänger meinte ich in ihnen das trumpeske Gegenstück zu einer ganztägigen Wanderung zu erkennen – wir pfeifen auf unsere Füße, auf den Schweiß, ferner auf Bescheidenheit, auch auf die Vernunft, und eine Schalmei in meinem inneren Ohr stimmte Markus' »Ich geb Gas, ich will Spaß« an, aber in einer extralangen Maxi-Version. Im Hotelfernseher sah ich noch am selben Abend einen ausführlichen Beitrag über die damals innovativen Schlauchbootlippen, die brachte ich sogleich mit dem Trump & Stretchlimos-Komplex in Zusammenhang. Motto: Mehr ist mehr, und ich schmunzelte und gruselte mich gleichzeitig.

Im Manhattaner Gebirgspanorama war Trump ein übergroßes Murmeltier, das überall seine Gänge baute und lauter pfiff als alle anderen. Hinterm Times Square an

New York: If I can make it there,
I'll make it also in the Landkreis Oldenburg.

der Upper West Side, verließen wir langsam die hochalpinen Regionen und näherten uns den Voralpen.

Wie war eigentlich New York meine Traumstadt geworden? Jazzfan wurde ich im Alter von 13 Jahren, als ich das »Massey Hall Concert« von Charlie Parker und Dizzy Gillespie hörte. Nach zehn Sekunden wusste ich: Das ist meins. Meine Musik. Da will ich hin, so will ich sein – die Berufsfrage war fortan geklärt und musste mit mir nicht mehr diskutiert werden (dass ich nur von Jazz unter anderem mangels Talents nicht würde leben können, erkannte ich erst als knapp Zwanzigjähriger). Kurz nach diesem *Coup de foudre* lernte ich Billy Bang kennen, einen Free-Jazz-Geiger aus New York, der im »Künstlerhaus Osternburg« ein Solokonzert gab. Er zeigte Fotos seines Wohnhauses in der South Bronx, die damals ein bisschen so aussah wie Wilhelmshaven nach dem Zweiten Weltkrieg. Bei mehr als der Hälfte aller Häuser, die auf dem Foto zu sehen waren, handelte es sich um Brandruinen – so wurde damals offenbar der Immobilienmarkt bereinigt. Für mich, der einer penibel aufgeräumten Reihenhaussiedlung entstammt, wohl ein Anblick, der meine Abenteuerlust kitzelte. Jedenfalls beschied ich: Da will, da muss ich hin!

Vom Betreten des Morningside Parks wurde Touristen damals, Anfang der 90er, noch abgeraten, wenigstens in der Dunkelheit, und da es bereits dämmerte, huschten wir in einem Mix aus Ehrfurcht und Alarmbereitschaft durch die 116. Straße zum U-Bahnhof an der Park Avenue und fühlten uns, wie sich Wallfahrer fühlen, wenn sie Santiago, Lourdes oder eben Harlem erreicht haben: Sie bedanken sich beim lieben Gott. Und bei ihren qualmenden Füßen.

Marrakesch und Manhattan markieren in meiner Stadtwanderhistorie die beiden Enden der Verirrungswahrscheinlichkeitsskala. Schwer verlaufen habe ich mich auch schon in Serekunda (Gambia), Bangkok und Regensburg, komplikationslos durchqueren konnte ich z.B. Barcelona, Mannheim und Köln (der oft sichtbare Dom macht es schwer, vollständig die Orientierung zu verlieren).

In die Nacht wandern

Zu den spannendsten Abenteuern, die man als Kind erleben kann, gehören nächtliche Exkursionen. Schon bei der bloßen Nennung des Wortes »Nachtwanderung« bekomme ich eine Gänsehaut, heute wie damals, als ich erstmals die Taschenlampe kindertattrig mit frischen Batterien füllte und in die Regenjoppe schlüpfte. Herr Böhne war mein

Geschichtslehrer, und er radelte mit der ganzen Klasse 7a zum Zeltplatz an der Thülsfelder Talsperre. Dramaturgischer Höhepunkt dieser Klassenfahrt war eben die besagte Nachtwanderung. Im milden Abendlicht eines trockenen Frühsommertages stiefelten wir los, die Schülerpulse um fünf Schläge erhöht. Würden wir wilden Tieren begegnen? Dachsen, Eulen, Fledermäusen? Womöglich würden wir Diebesbanden sichten, Einbrecher, die Hifi-Anlagen und Waschmaschinen aus Villen schleppen (dass Waschmaschinen selten entwendet werden, war mir noch nicht so klar), und schließlich konnte ich auch damals nicht ausschließen, dass es in der Geisterstunde spuken würde.

Die Thülsfelder Talsperre umwehte im Jahr 1980 ein mysteriöses Flair, was mit den großen Welsen zusammenhängen könnte, die glückliche Angler aus den trüben Fluten gezogen hatten. Und so schlängelten in meiner Fantasie Fische vom Format ausgewachsener Wendeltreppen durch die seichten Uferbereiche und warteten darauf, dass sie im Mondlicht unserer Gummistiefel gewahr werden würden. Etwas bang blickte ich auf meine Stiefelspitze, als wir das Areal des Zeltplatzes Richtung See verließen.

> Dramaturgischer Höhepunkt dieser Klassenfahrt war eben die besagte Nachtwanderung. Im milden Abendlicht eines trockenen Frühsommertages stiefelten wir los, die Schülerpulse um fünf Schläge erhöht. Würden wir wilden Tieren begegnen?

»Wigald, was ist? Du bist so blass!«, konstatierte Herr Böhne. Ich schreckte auf, wischte meinen Traumüberhang beiseite und schloss zu meinen Klassenkameraden auf.

An weitere Einzelheiten unserer Klassenfahrt-Nachtwanderung kann ich mich nicht erinnern, außer dass sie allzu früh endete und wir das Zeltlager wieder erreichten, noch ehe der letzte Dämmerlichtstreifen verschwunden war. Aber allein die Gewissheit, eine echte Nachtwanderung zu unternehmen, garantierte den Erlebniswert, unabhängig von allen sonstigen Geschehnissen, und so endete dieser Tag in meiner Erinnerung trunken vor Glück und in sattsam gestillter Abenteuerlust.

Seither habe ich mir unzählige Nächte um die Ohren geschlagen. In meiner Jugend vornehmlich in Tanzschuppen oder auf privaten Partys, später nur noch an der frischen Luft, entweder auf dem Fahrrad oder zu Fuß. Ein Accessoire, auf das ich bei diesen nächtlichen Fußexkursionen nicht verzichten möchte, ist meine Stirnlampe. So schwach und schmal der Lichtkegel auch sein mag (je nach Füllstand der Batterien bzw. Akkus), so verleiht er dem relativ leistungsschwachen Sehsinn des Wandervogels immerhin Flügel, stark genug, um stolperfrei durch die Düsternis zu flattern.

Nun mag es Wandervögel geben, die sich mit Stirnlampen schwertun, etwa weil sie das Halteband am Kopf als unangenehm drückend empfinden. Natürlich lässt sich eine zünftige Nachtwanderung auch mit einer Taschenlampe in der Hand durchführen. Für all jene, die, aus welchen Gründen auch immer, auf mitgeführte Lichtquellen völlig verzichten möchten, habe ich noch einen Spezialtipp in petto, nämlich: Nächtliches Indoor-Wandern. Ja, auch unterm Dach lassen sich bei passender Gelegenheit prima Kilometer sammeln, wie die folgende Tourennotiz eindrucksvoll belegt:

Null Uhr Ankunft am Flughafen in Dubai. Um 3:30 Uhr geht's weiter Richtung München. Was tun? Teresa ist müde und legt sich auf einen Liegestuhl. Ich jedoch bin hellwach, auch, weil mich die Idee begeistert, hier, im Transitbereich, wenigstens 10 Kilometer zu laufen. Oder genauer gesagt: zu wandern – für Jogging fehlt mir die Wechselkleidung. Und womöglich sähe ein Laufsportler hier im nächtlichen Flughafen-Terminal auch gar zu merkwürdig aus und würde Sicherheitskräfte auf den Plan rufen.

Das Gebäude ist eine langgestreckte Halle, Deckenhöhe vielleicht 20 Meter, in der Mitte sind Laufbänder installiert, an deren Handläufe sich Sitzreihen anschließen. Fast alle sind besetzt, von einem faszinierenden Menschen-Mix. Besonders stark vertreten ist Afrika. Bunt gekleidete Senegalesinnen und Nigerianer, dann sind da die hageren Eritreerinnen, die sich wie Klappstühle zusammenfalten können und dann notfalls zu zweit auf einen der Ledersitze passen. Ihre Körper, ihre Köpfe sind mit bunten Tüchern abgedeckt, manche sowieso voll verschleiert. Berberinnen sind auch da, mit bemalten Armen und stechendem Blick. Dann die Wüstensöhne: Einerseits die Ölprinzen, mit blütenweißen Gewändern, daneben aber auch echte Naturburschen in Djellaba, mit sonderbar knallrot gefärbten Backenbärten. Wahrscheinlich alle auf dem Weg nach Mekka, zur Hatsch. Am Gate C6 geht's nach Riadh, nebenan nach Medina.

Auch da: kinderreiche Inder, langbeinige Niederländer, stumme Chinesen, peperonirote Engländer etcetera. Wer meint, nachts sei hier tote Hose, irrt. Es schwirrt geradezu. Wie auf'm Dom, wobei mindestens die Hälfte der Leute Schlafzimmerblick trägt, oder gar pennt.

Warum sind wir überhaupt hier? Eigentlich wollten wir schon morgens mit Condor heim, aber am Abend zuvor, wir lagen schon mit geputzten Zähnen im Bett, klingelte das Telefon: Maschine kaputt, nach Deutschland geht's erst Montagabend, Dienstag seid ihr daheim. Hotel wird bezahlt. Eigentlich natürlich ganz reizvoll, so 'n Zwangsurläubchen, wir aber hatten keine Wahl, weil Teresa Montagabend die »Königin der Nacht« singt, im Deutschen Theater in München. Also setzten wir uns noch in der Nacht an den Hotelrechner und buchten um auf einen Emirates-Flug über Dubai, mit drei Stunden Aufenthalt.

Economy Class hat den schönen Nebeneffekt, dass durch Enge und Vertikalität der Sitzgelegenheit mein Bewegungsdrang extrem angespornt wird – je länger desto doller. Aus Drang wird Wut, ich WILL mich bewegen!

Also los. Eine Runde, so behauptet Strava, misst 0,7 Kilometer. Stimmt sicher nicht, zumal der GPS-Empfang unter der Betondecke schwach ist. Der Schrittzähler meines Handys ermittelt niedrigere Werte, und an die halte ich mich. Mit meinem roten Ranzen auf dem Rücken marschiere ich an den Auslagen entlang, bis zum Starbucks, wende auf die andere Hallenseite, dann passiere ich den öffentlichen Trinkhahn, die schlafenden Afrikanerinnen, in die sich meine Gattin mit ihrer japanischen Schlafmütze eingereiht hat (die Afrikanerinnen kicherten eine Viertelstunde lang. Was die wohl gedacht haben mögen? Dass es sich um eine besonders fromme Frau handelt, vielleicht?).

Ich kontrolliere die Anzahl unserer Taschen, alles ok, meine Braut schläft, also weiter. Dann vorbei am Red Bull-Automaten, zu Costa Coffee, an der Baustelle rüber zum Eingang des »Dubai International Hotels«, wieder Wende, um wenig später an ein merkwürdiges Highlight zu gelangen: den Eingang der Raucherlounge. Seltsam ferne, fremde, und für mich als Ex-Raucher auch vertraute Düfte. Wieder Wechsel zur anderen Seite; wie geht's meiner Frau? Nichts bewegt sich, alle Taschen da. Dann weiter, bis zum Ende der Rolltreppe, Seitenwechsel. Das also ist eine Runde, und im Verlauf der nächsten 2:15 Stunden lege ich hiervon einige zurück. Ich zähle nicht mit. Besondere Vorkommnisse: Drei Toilettengänge, dreimal die Starbucks-Smoothie-Flasche am Trinkhahn nachgefüllt, einmal Kurzkonversation mit der Somalierin neben meiner Frau (als diese nämlich kurz absent ist und sie mich über ihren Verbleib informiert). Insgesamt werde ich von Runde zu Runde immer mehr wahrgenommen als der, der da seine Runden dreht, aber auf keinem der fremden Gesichter lässt sich ein Kommentar erdeuten. Hängt vielleicht mit den vielen disparaten Kulturgrüppchen zusammen: Je heterogener die Gesamtmenge, desto neutraler der Gesichtsausdruck. So'n leerer Blick kommt nicht so schnell in'n falschen Hals wie ein Lachen oder gar ein Augenzwinkern.

An einem Gate geht's nach »Clark«. Nie gehört, diesen Ort. Wo soll das sein? »Male« ist auf Sansibar, oder? Am Gate C8 tut sich ab 1:30 Uhr auch was. Eine lange Schlange bildet sich, und ich versuche, die zu erwandernde Enddistanz zu ermitteln. Schafft man 10 Kilometer, ohne den Abflug zu verpassen? Sobald mein Schrittzähler auf 10 springt, wecke ich meine Frau, und mit knapper Not schaffen wir's in unser Anschlussflugzeug nach München. Laut Strava war ich 16 Kilometer unterwegs, aber das ist Blödsinn. Zehn waren's jedoch bestimmt, und die blaue Aufzeichnungslinie finde ich grafisch durchaus gelungen. Und jetzt: Gute Nacht!

Rotlicht-Report

Noch ein drittes Beispiel für eine gelungene Nachtwanderung, und zwar dort, wo man gemeinhin die Nacht zum Tag zu machen pflegt – auf der Reeperbahn. Also eigentlich eine Tageswanderung, nur eben in Abwesenheit der Sonne. Ihr Abschied an unserem Wandertag gleicht einer lilanen, softanweichen Kuscheldecke, die sich sachte über Sankt Pauli legt. Meine Managerin Steffi und ich residieren in der Speicherstadt, beim Miniaturwunderland ums Eck, für das Pre-Screening der Bastelshow »Superklein«. Pre-Secreening, das klingt etwas nach Krebsvorsorge, heißt aber in Fernsehkreisen lediglich, dass man sich eine fertiggestellte Sendung vor Ausstrahlung mit allen Beteiligten gemeinsam anschaut, sich gegenseitig mit Komplimenten überhäuft, Schampus aus Magnumflaschen rituell über Netzteil und Optik des Beamers kippt und Anschlussverwendungen anbahnt.

Bevor die Sause morgen startet, steht jedoch der obligatorische Reeperbahnbummel auf dem Zettel. Obligatorisch, weil: Vor einigen Jahren habe ich eine Show im »Zwick« moderiert, für Tele 5, nämlich »Der Klügere kippt nach«, und vor jeder Ausgabe dieser feuchtfröhlichen Talkshow unternahmen Steffi und ich einen Rundgang durchs Viertel, gleichsam als kinetischer Talisman. Nach nicht einmal zwei Staffeln wurde die Show wegen gewisser Strukturschwächen abgesetzt, man könnte also sagen: Der Reeperbahnbummel ist mitnichten ein Erfolgsgarant, aber sei's drum. Erste Station: Das »Zwick«. Hier ist mein Freund Hugo einer der Teilhaber, und schon allein deshalb sehe ich mich außerstande, irgendetwas anderes als stark übertriebene Lobeshymnen auf das »Zwick« zu dichten. Wir kommen also rein und auf großen Bildschirmen läuft Fußball. Sehr große Bildschirme, überall. Die größten Flachbildschirme, die man sich ausmalen kann, sattes Tischtennisplattenformat. Es läuft das Halbfinale der Europa-League, Frankfurt gegen West Ham United, der Werftklub mit den gekreuzten Hammern. Ein munteres Spiel, ach was, ein Kracher. Noch nie habe ich – wenigstens ausschnittshalber – einer besseren Partie beigewohnt. Kaum haben wir uns an der Bar niedergelassen, fällt das 1:0, und Dutzende, was sag ich, Hunderte Fans springen von

119

ihren Stühlen auf, recken ihre Schals und erklimmen die Tische, um darauf zu tanzen. Alles wackelt, bebt, die ersten Tische knirschen, knacken, ein daumenbreiter Riss zieht sich durch die Decke, das Jan-Fedder-Erinnerungsherz fällt vom Haken und zerbricht. Und die Bruchstücke rappeln sich auf, klopfen sich die Krümel aus dem Lebkuchenkleid und fliegen zurück zum Haken, wie von Geisterhand. Kaum traue ich meinen Augen. Auch der Riss an der Decke ist plötzlich weg. Zugespachtelt von den unfassbar charmanten, adretten, intelligenten Mitarbeitern? So wird es wohl sein. Nicht umsonst reimt sich Zwick auf Glück.

Steffi schreit mir irgendetwas zu, aber ich verstehe sie nicht. Die Kellner kommen nicht durch, um unsere Bestellung aufzunehmen. Ein Fan setzt sich auf die Deckenlampe und schaukelt freihändig hin und her, eher er affglitscht und unter der Theke zum Liegen kommt. Bei aller Perfektion in diesen besuchswerten Hallen: Das Pflaster wird uns zu heiß, ich packe Steffi am Portepee und ziehe sie aus der Gefahrenzone hinaus ins Freie.

Puh, erst mal durchatmen. Wir passieren das »Lehmitz«, da habe ich schon Mitte der 80er früh morgens ein Eibrot zubereitet und verzehrt, und der Maler Daniel Richter wunderte sich über die Zubereitungsart: Man nehme ein hart gekochtes Ei, klemme es zwischen zwei Brötchenhälften und presse beide druckvoll zusammen, so dass das Ei vom Ei zum Fladen wird und das Brötchen innerlich komplett ausfüllt. Müssen wir heute nicht rein, ebenso wenig wie in die »Hamburger Alm«, auf der nur ein paar blasse Milchkühe ohne Hörner wiederkäuen. Die »Klapsmühle« lacht uns da schon mehr an, allerdings ist das Lachen etwas zu laut, haha, wie der Hausmeister in »Shining«. Dann doch lieber in den »Goldenen Handschuh«, bekannt aus der Gruselstory von Fritz Honka, einem Serienmörder der Siebzigerjahre, der seine unglückseligen Opfer in die eigenen vier Wände lockte, erdrosselte und anschließend zerstückelte. Sogar die Ohrläppchen trennte er fein säuberlich von den Leichen ab, warum, weiß niemand so genau. Wir blicken durch die offenen Fenster in den »Goldenen Handschuh«, und mir ist ein bisschen blümerant zumute. Was steht denn auf der Karte? Vorspeisen? Häppchen? Ohrläppchen? Nein, das steht da nicht. Es ist ein warmer Maiabend, aber mich fröstelt's, gerade auch an den Ohren. Weiter geht's. Der »Geiz-Club«, ist das nichts für uns? Nein, sagt Steffi, das ist gar keine Bar. Jetzt lese ich's auch, ich Dummerchen. Daneben steht ein livrierter Herr und bittet uns herein. Toll, eine Einladung! Dann müssen wir bestimmt nichts zahlen, oder? Jetzt zieht Steffi mich am Schlafittchen davon. Gut, dass ich eine Managerin habe, ich würde sogar auf den Enkeltrick hereinfallen – obwohl ich gar keine Enkel habe. Aber woher soll ich sowas wissen? Fragen Sie meine Managerin – ich bin nur für den Content zuständig.

Au Backe, kaum zwei Kilometer gegangen, und schon drückt der Schuh. Doofe DM-Sandalen. In einem der Sex-Shops könnte man sich neue Treter besorgen, notfalls mit hohen Hacken in Pink, aber noch geht's. Jetzt Große Freiheit. Die Lieblingskneipe der Beatles ist ebenso überfüllt wie das Gastro-Imperium von Olivia Jones. Langsam haben wir Durst, ewig Schlange stehen ist nicht unsers. Also weiter, zum »Grünspan«, der Disco, in der mein Freund Walter Thielsch einst als Männermodel entdeckt wurde, noch als Teenager. Ach so, den Laden gibt's gar nicht mehr? Ist geschlossen? Wieder zurück, ich weiß was. »Bei Günter Jauch« kriegen wir was zu trinken, ist ein brandheißer Tipp von meinem Enkel Leander! »Dein Sohn«, korrigiert Steffi. Hä? »Leander ist dein Sohn.« Ach so.

Also rüber auf die andere Reeperbahn-Seite. Am Silbersack, da bin ich als unglücklich verliebter Kochlehrling Kurt in Horst Königsteins Kinofilm »Hard Days, Hard Nights« auf und ab gefahren. Spielt 1960, und man muss nach wie vor nichts ändern, damit die Kulisse passt. Selfie mit einem Schweizer Ehepaar. »Wir lieben Sie, gucken immer Ihre Sendungen, jeden Tag!« Jeden Tag? Welche Sendung meinen Sie? »Na, ›Wer weiß denn sowas‹!« Aha. Oh weh, das »Günter Jauch« hat zu. Heißt übrigens nur durch Zufall so, weil der Wirt eben Günter Jauch heißt – sagt jedenfalls Günter Jauch, ich habe ihn gefragt. Langsam hängen unsere Zungen auf Halbmast, und wenn man dranschnippt, staubt es penetrant. Links geht's runter in das »Touch«, den weltberühmten SM-Club, Eintritt für Herren 10 Euro, für Paare genauso viel. Wenn das kein Angebot ist! Oder, Steffi? Sie ist nicht überzeugt, geht weiter. Dafür entdeckt sie eine Pension, in der laut Aushang die Übernachtung für Jugendliche, Studenten und Seeleute 26 Mark kostet. Das wiederum interessiert Steffi, obwohl sie gar kein Seemann ist.

Nanu, schau mal dort drüben, ist das nicht Andreas, der Bettler, da? Tatsächlich, der Andy! Mit dem waren wir schon damals per Du, in Tele-5-Zeiten, und wir hatten mit ihm eine launige Vereinbarung getroffen: die Flatrate. Einmal 50 Euro zahlen, gilt dann als Abo fürs ganze Jahr. Er grüßt zurück, erkennt uns jedoch nicht. Ist ja auch lange her. In einem Klamottenladen kaufe ich eine Kapitänsmütze für über die Ohren von wegen Läppchenschutz. Pinke Stöckelschuhe gibt's hier auch, Steffi drängt mich, und ich lasse mir die eleganten Treter einpacken, für auf die Zugspitze, eines Tages. Kaum sind wir draußen, blutet mein linker Fuß. Doch gleich anziehen? Nein, ich trau mich nicht. Erst mal brauchen wir etwas zu trinken! Auf ins »Uwe«, so heißt der Laden meiner Kumpels

Yared und Oliver, über'm Schmidtchen die Treppe hoch. Geschlossen? Verdammt, das jibbet doch gar nicht! Wie gerne hätten wir hier eine lauwarme Hafermilch getrunken oder einen Kamillentee, irgendetwas Gesundes, auch, um meine Füße zu schonen. Es juckt, quaddelt, tropft. Stöckelschuhe sind in solch einem Fall medizinisch nicht die Optimallösung, doziere ich. Soll ich meinen Fuß in die Kapitänsmütze einwickeln, als Sockenersatz? Ach was, da kommt ein Taxi. Einsteigen, Feierabend.

Auf die höchsten Berge der deutschen Bundesländer

Es gibt gute Gründe für die Annahme, dass Deutschland unsere, meine Heimat ist. Zeit, dieses süßsaure Heimatland einmal neu kennenzulernen. Wie könnte man sich einen besseren Überblick verschaffen als von oben? Zur ISS schaffe ich's nicht, Drohnen sind zu gewöhnlich für meinereiner, also besteige ich Deutschlands höchste Berge. Oder, genauer gesagt, die höchsten Gipfel der 16 deutschen Bundesländer. Sweet little sixteen-Summits. So beschloss ich's neulich in Oldenburg, auf dem Sofa meiner Eltern, studierte allerlei Erhebungen im Internet, und heute war es so weit. Premiere.

Hasselbrack, Hamburg, 116 m

Gibt's denn da überhaupt Berge? Aber ja doch! Und die sind gar nicht soo ohne. Gestern noch ridikülisierten Hugo, Hella und ich in Köln gemeinsam vor der Fernsehkamera. Pilotendreh für SAT.1. Heute morgen enterte ich den Zug nach HH, ersetzte im Zugklo meinen Gehrock durch eine Wanderjoppe, stieg in Harburg aus und legte los. Erst mal Harburg: Das ist ja die angeheiratete Nichte der stolzen Hansestadt, irgendwie grauer, gebückter, mit Mittelscheitel, man kennt, draußen in der Welt, höchstens die TH, Mohammed Atta und womöglich die Phönix-Werke. Ist natürlich super unfair, dieses bestimmt auch nette Städtchen auf Pneus und Terreur zu reduzieren, aber so ist eben das Leben: Ein mieser Halunke, ganz besonders, wenn's um den Ruf wehrloser Landstädte geht. Gunter Gabriel hat auch in Harburg gewohnt, fällt mir gerade ein; sein Hausboot lag im Harburger Hafen (und da liegt es noch heute, wenn es nicht gesunken ist).

Ich habe mir vor einigen Jahren, beim Schaubuden-Jubiläumsdreh, eine Kaufimmobilie in Wilhelmsburg angeschaut, weil ich Europas größte Flussinsel theoretisch toll finde (in der Praxis kaufte ich nichts) – an Wohnen in Harburg habe ich hingegen noch nie gedacht.

Herrje, jetzt rede ich schon wieder nur von mir, dabei soll's bei meinen Besteigungen der Bundesberge gar nicht um mich gehen, sondern um die Klippen, Kuppen, sanften Hügel, je nach dem. Also. Vom Harburger Bahnhof durch die Unterführung am Phönix-Center vorbei zum alten Friedhof, auf dem unter anderem Johann Heinrich Blohm begraben liegt, Wasserbaudirektor und Träger des Guelphen-Ordens, einer der höchsten Orden, die das Königreich Hannover zu vergeben hatte. Auf blauem Reif steht in goldenen Lettern die Devise »Nec aspera terrent« – Widrigkeiten schrecken nicht. Ohne Blohm, der den Harburger Tidehafen plante, wäre Harburg völlig unbedeutend geblieben, ohne Phoenix, TH, auch ohne Atta, und womöglich hielte der ICE heute in Tostedt oder Buchholz, und nicht in Harburg.

»Die Jüngeren können sich kaum vorstellen, wie störrisch so'n Falkplan sein konnte.«

Weiter geht's zur Bremer Straße, einer auf einem Damm dahinstolzierenden Fernstraße alten Schlags, mit Mietskasernen und Reihenhäusern, schnurgerade Richtung Bremen. Trübes Wetter, 6 Grad, schwer schlackert der Reiserucksack auf meinem Rücken. An den Schuhen trage ich Lunge-Laufschuhe. Hamburg ist bekanntlich Laufstadt, mit dem bezaubernden, bedeutenden Marathonlauf, und auch wegen Ulf Lunge, der hier seine eigene Laufschuhmarke kreierte. Schöner Markenname. So wie ein Restaurant »Magen« oder »Friseur Friedrich Flaum«. Glück muss man haben, gerade wenn's um Namen geht.

Bald endet die Großstadt, und ich überquere auf schmalem Steg die Autobahn. Früher, als ich noch in HH wohnte, bin ich hier des Öfteren mit'm Auto lang gefahren. Navis gab's damals nicht, man hatte den Falk-Stadtplan auf dem Beifahrersitz und musste, um sich zu orientieren, rechts ranfahren. Die Jüngeren können sich kaum vorstellen, wie störrisch so'n Falkplan sein konnte. »Patentgefaltet«, dass ich nicht lache. War er einmal auseinandergefaltet, kriegte man (also ich) ihn kaum wieder zusammen. Dauerte eine Stunde Minimum. Verlängerte eine Autofahrt von HH nach HB also um eine Stunde. Ja. So war das, liebe Kinder.

Ein paar waldige Linksrechts-Kombinationen, dann bin ich in Vahrendorf, beim Freilichtmuseum am Kiekeberg. Dieser ist mit 127 Meter die zweithöchste Erhebung des Harburger Hügellandes (die höchste ist der »Lange Stein«, 129 Meter hoch, und beide nehme ich auf meiner Expedition als Dreingabe mit). Jetzt mag der feine Bayer höhöhö skandieren, von wegen »Berge«, aber, liebe Bajuwaren, das Terrain wirkt hügeliger als man denken könnt'. Nachgerade zerklüftet, wie in Karl Mays Land der Skipetaren. Feuchter Laubwald auf sandigem Boden, niedersächsischem Boden wohlgemerkt. Wir haben nämlich Hamburg verlassen, traversieren ein Stück Nachbarland, und erst der Gipfelsturm spielt sich wieder auf Hamburger Gebiet ab. Zwölf Kilometer misst die Wanderung vom Harburger Bahnhof bis zum höchsten Punkt der Hansestadt; wer es mir nachtun will, denke an eine Trinkflasche und Verpflegung, etwa ein hart gekochtes Ei. Letzteres habe ich heute nicht dabei, der Mittag naht nicht nur, er ist fast durchschritten; mein Magen knurrt, der Waldboden ist satt und sumpfig.

Immer wieder lenkt mich mein Navi auf Reitwege. Hier, in den »Schwarzen Bergen« wird viel geritten, genau wie bei Karl May, nur eben auf Niedersachsenrössern. Kurzes Lauschen – nein, da sind keine Indianer, auch keine Cowboys; ich bin allein hier, in dieser durchnässten Wildnis vor der großen Stadt. Mit »Tor zur Welt« ist ja immer die weite Welt gemeint, also Shanghai, New York, Manila, nicht jedoch Kiekeberg & Co. Am Durchschnittsdienstag um die Mittagszeit ist die Menschendichte jener im Karakorum ähnlich. Niemand stört, und niemand hülfe, wenn ich am Gipfelanstieg umknicken sollte. Darum gebe ich fein acht, als ich – es ist im Verlauf der letzten halben Stunde immer stiller geworden – zum großen Sprung ansetze.

Pfützen allüberall. Wenn ich denn dem geneigten Wandervogel einen speziellen Tipp für diese Wanderung geben müsste: Gummistiefel können nicht schaden. Aber: Nec aspera terrent. Das ist Blohms und meine Devise. Also aufauf, matschimatschi, der Berg ruft wie ein Koberer von der Reeperbahn. »Kommse rauf, könnse runterkucken.« Nach scharfer Rechtskurve erkenne ich bereits den Gipfelaufbau des Hasselbracks, der stolze 116 Meter misst. Ein Prachtkerl, der. Hamburg, deiner Berge Perle.

Das mit dem Stolz meine ich gar nicht ironisch; Größe ist nicht entscheidend, schon gar nicht bei Bergen. Für mich als Oldenburger sind 100 Meter schwindelerregend. So was Hohes gibt es zwischen Bremen und Amsterdam nirgends. Das erhabene Gipfelgefühl durchdringt mich hier jedenfalls nicht weniger als in den Alpen. Doch nicht nur erhaben sind Moment und Ort, sondern das Wagner-Idyll ist: gebrochen.

Mund und Braue stehen schräg, als ich den graffitierten Gipfelstein betrachte. Hand von Zwerg beschmieren Tisch und Berg, wie man so schön sagt. Ein besprühtes Gipfelkreuz habe ich in Bayern noch nie gesehen. Aber lassen wir das. Ich will nicht unken, sondern lernen.

Nachdem ich die Hochebene am Gipfel ausgiebig genossen habe, laufe ich nord-wärts, Richtung S-Bahn, und durchquere noch ein landschaftliches Schmankerl, die Heide am Falkenberg. Vorne das karge Kraut, hinten die Wohnblocks von Neugraben: das ist ganz nach meinem in den 80ern geprägten Geschmack.

Damals trug man Schwarz, hörte John Zorn und stand auf jene Ästhetik, welche die Musikzeitung »Spex« mal hellsichtig mit »Wave-Schlampe vor Industriegebiet« um-riss. Hier, in der saaleeiszeitlichen Endmoräne, hätte man ein Anne-Clark-Cover shoo-ten können. Sleeper in Metropolis.

> »Mag Hamburg das Tor zur Welt sein,
> so befindet sich hier, in den Harburger Bergen,
> das dazugehörige Tor zum Himmel.«

Fazit: Harburg ist mehr als man meint. Mag Hamburg das Tor zur Welt sein, so befindet sich hier, in den Harburger Bergen, das dazugehörige Tor zum Himmel. Ob man hier wohnen sollte? Könnte? Dürfte? Reizvoller Gedanke!

Nach knappen 19 Kilometern Weglänge mit 300 Höhenmetern insgesamt, beende ich meine Expedition am S-Bahnhof Neuwiedenthal. Ab ins Hotel; die Sauna ist schon vorgeheizt.

Der zweite Bundesgipfel, den ich in meine Sammlung aufnehmen darf, ist kein Solitär, sondern gleich ein ganzes Gebirge – jedenfalls, wenn man die Namensgebung ernst nimmt. Es handelt sich um die

Arkenberge, Berlin, 120 m

Die Reise beginnt in Mitte, am Oranienburger Tor. Recht kompliziert mutet an, was mir die BVG-App empfiehlt, und ich Provinzpossler scheitere zunächst am Ausfindig-machen des passenden Bahnsteigs für die Metrotram 1 zur Schillerstraße. Zerstreut irre ich Döspaddel zwischen Dönerbuden und Dussmann herum, ehe ich im Tritt bin und ablege. Nach einer Dreiviertelstunden-Nordfahrt verpasse ich glatt den korrekten Ausstieg und bemerke dies erst an einer Straßenbahnendhaltschleife. Meine freund-liche Frage, wo man denn hier umstiege, quittiert der Fahrer mit einem landesüblich geknarzten »Hier jibet keene Busse«. Auf eigene Faust marschiere ich also rückwärts Richtung Pankow, die Straßenbahnschienen entlang, bis zur Haltestelle des Busses 107.

Kurzes Warten und ab an den Stadtrand, vorbei an der Nordendarena, Heimat des FC Concordia Wilhelmsruh, dessen Fußballmannschaft 1950 in der neu gegründete DS-Klasse spielte, so 'ner Art DDR-Zweitliga, und von dort erbarmungslos nach unten durchgereicht wurde, weil es an einem potenten Träger-VEB fehlte.

An der Haltestelle »Blankenfelde Kirche« weicht die Stadt schläfriger Dörflichkeit. Unwillkürlich gähne ich herzhaft und verlasse den Bus, gemeinsam mit einem multinasal gepiercten, vollschultrig tätowierten Best Ager sowie einem Doppelgänger des dicken Klaus von Klaus & Klaus, allerdings aufgepeppt mit einer besonders großen Messerspitze Obelix – also mit hautengen Leggings und ketchuppigem Henna-Haar.

Auf der »Hauptstraße«, die als solche nicht unbedingt zu erkennen ist, wandere ich bergwärts. Bald folge ich dem »Graben 33 Blankenfelde«, die Spannung steigt, und nach einer weiteren Linkskurve zeigt sich in der Ferne mein Ziel: Ein breiter Buckel, ein Ayers Rock in Frühlingsgrün. Aprilfrische. Grüner wird's nicht. Eine lange Schottergerade führt mich an den Fuß des Berliner Bergmassivs Nr. 1, das Häubchen der Hauptstadt, den K2 der Kapitale. Oder ist's nicht eher der Kilimandscharo, an den man denkt? Dessen Gletscher wird seit Jahren immer kleiner, und auch die Arkenberge präsentieren sich heute schneefrei. Keine Lawinengefahr.

Erschwert wird die Besteigung nicht durch die Launen der Natur, sondern durch einen Zaun, der das gesamte Gelände umschließt. Ob man Alpinisten wie mich vor der Gefahr schützen will? Sind die Arkenberge kontaminiert? Kurz zur Geschichte: Eigentlich bezeichnet der Name einen natürlichen Höhenzug mit bis zu 70 Metern Höhe, die aber im Laufe des 20. Jahrhunderts sukzessive abgebaggert wurden, bis der Bau des Berliner Außenbahnrings dem Minigebirge endgültig den Garaus machte. Ab 1984 wurde westlich des Ex-Gebirges eine Bauschuttdeponie eingerichtet, die im Jahr 2015 die 122-Meter-Marke überragte und somit den Teufelsberg als bis dahin höchsten Punkt Berlins entthronte.

Auch der Teufelsberg ist ein Schutthügel, und man kann natürlich die Frage aufwerfen, ob Menschenwerk überhaupt qualifiziert ist, wenn's um den Titel »höchster Berg von Schießmichtot« geht. Als höchste künstliche Erhebung der Welt gilt die Sophienhöhe in der Nähe von Jülich, eine derzeit etwa 290 Meter hohe Abraumhalde des Braunkohletagebaus Hambach. Die höchste natürliche Erhebung Berlins ist jedenfalls der große Müggelberg, 114,7 Meter hoch. Kann ich bei Gelegenheit nachschieben.

Die Komoot-Navigations-App führt mich zur Schlüsselstelle meiner Unternehmung, einer Ausbeulung im Zaun; ich klettere hinüber, balanciere über einen Wall aus

Ästen, springe über einen Graben und halte inne. Wie illegal ist, was ich hier tue? Stehe ich mit einem Bein im Gefängnis, gar im Grab? Blicke links und rechts. Die Luft ist rein. Jetzt nichts wie rauf. Eine ausgewaschene Mountainbike-Spur führt mich mit 23 % Steigung den baumlosen Hang hinauf. Sogleich ändert sich meine Seelenlage: Es klingt verrückt, aber augenblicklich wähne ich mich im Hochgebirge, atme freier, fühle mich dem Himmel näher. Der Blick weitet sich, und mit ihm mein Herz. Ich gehe extra langsam, um den kurzen Gipfelsturm maximal auszukosten. Mein Motto: Wandere immer so, als gingest du zum allerletzten Mal. Aber auch im Schneckentempo ist der höchste Punkt nach wenigen Minuten erreicht. Eine weite Hochebene, in deren Mitte ein Findling ruht. Kein Kreuz, na klar, wir sind im gottlosen Berlin. Im Norden eine Datschenkolonie, im Süden Fernsehturm und Co, im Osten die Blankenfelder Seenplatte.

Farbige Steinquader fesseln meine Aufmerksamkeit. Das könnten sie sein, die legendären Ur-Legosteine, nach deren Vorbild das beliebte Spielzeug geformt ist. Ihr Ursprung ist Dänemark; prähistorische Wikinger haben die Steine mit Runen verziert. Während der letzten Eiszeit wird der skandinavische Gletscher die Erratiker nach Pankow geschoben haben; aber wie gelangten sie auf die künstlichen Arkenberge? Oder gehören sie zum hier deponierten Bauschutt? Noch ehe ich dieses geologische Rätsel lösen kann, zwingt mich Proviantmangel zum Abstieg. Es ist 11:03 Uhr, und mein Magen knurrt. Kein essbares Tier, keine Pflanze bietet sich dem Forschungsreisenden in dieser kargen Wildnis. Also hudeldihudel westwärts, ins Tal, ans Tegeler Fließ, den Grenzfluss zum Land Brandenburg. Unten ein neues Problem: Der Zaun zur Datschenkolonie ist intakt und auf einer Breite von Hunderten Metern unüberwindbar. Ehe ich einen Fluchttunnel graben kann, werde ich von jenseits des Zauns durch ein Eingeborenenpaar erspäht, beide gekleidet in Ballonseide, einen Schäferhund an der Drosselkette. »Dit is Privatjelände!«, herrscht der Mann mich an, und seine Frau droht mit dem Dududu-Finger. Sekunden später erkennen sie in mir die Fernsehfachkraft, und der Blockwartblick weicht herzensgoldigem Lächeln. Ich erkläre, dass ich die Gipfel

> Farbige Steinquader fesseln meine Aufmerksamkeit. Das könnten sie sein, die legendären Ur-Legosteine, nach deren Vorbild das beliebte Spielzeug geformt ist. Ihr Ursprung ist Dänemark; prähistorische Wikinger haben die Steine mit Runen verziert.

der deutschen Bundesländer sammeln würde, und dass mich kein Zaun von diesem Vorhaben abbringen könne. Wozu denn der Zaun überhaupt gut sei?, frage ich. »Dit soll vielleicht ma 'n Freiluftkino wer'n«, erklärt der Hundehalter, »aba es fehlt een Investor.

Jetzt such'n se 10 Millionen. Wir woh'n hier und wollen dit aba nich. Denn komm' se alle her und machen Rambazamba. Am schlimmsten sind die Drohnenflieger. Furchtbar, dit Jeknatter, und denn spucken se uns von oben in die Soljanka. Früher war'n dit Gartenjrundstücke, und wir ham 400 Pacht pro Jahr bezahlt, jetze ham wa Hausnummern un zahlen 90 pro Monat. Janz schön teuer, wa? Wenn wa so viel Geld zahlen müssen, wolln wa wenigstens unsere Ruhe haben!« Die Frau fragt noch, ob ich tatsächlich ganz bis zum Gipfel gelaufen sei, das sei doch sicher sehr anstrengend. Ich bejahe mit leichtem Schmunzeln, und sie blickt ungläubig. Fünfzig Höhenmeter, na ja. Durchaus machbar, auch für diese baffe Dame. Dann verspreche ich, nichts kaputtzumachen, verabschiede mich und umwandere die Arkenberge, um das Gelände durch die bereits erprobte Zaunfurt wieder zu verlassen.

Als ich mit Kollege Bernhard Hoëcker am nächsten Tag auf der Autobahn Richtung Hamburg die Arkenberge passiere, grüble ich, wie ich sie als Investor gestalten würde. Freiluftkino? Papperlapapp. »Arkadien – Europas kleinstes Hochgebirge«, male ich mir aus, mit Almbetrieb, Murmeltierbestand und Steinadler – immerhin Preußens Wappentier. Einmal pro Woche Heimatabend mit der autochthonen Bevölkerung, den Berglinern. Ballonseide statt Lederhose, Schwof statt Schuhplattler. Aber erst mal müsste der Zaun weg. Berg heil!

Bungsberg, Schleswig-Holstein, 167 m

Mai 2018. Neue Sendung, aus einer Schnapsidee entstanden: Norddeutsche Kurbäder, die ich gemeinsam mit Schaubuden-Titan Carlo von Thiedemann besuche. Der NDR hat drei Sendungen in Auftrag gegeben, und der erste Drehort ist Malente. Als ich dies erfuhr, kamen mir sogleich die 16 Summits in den Sinn; quasi routinehalber ließ ich meine Komoot-App den Weg vom Hotel zum Bungsberg berechnen. Und siehe da: machbar!

Nach Flug und Transfer in Malente angekommen, schlage ich mir einen Backfisch hinter die Kiemen, ehe ich mein Klapprad entfalte und am wunderhübschen Kellersee entlang durchs frühlingshafte Blö drömele. Nüchel heißt das Örtchen, für das ich nach einer halben Stunde die L178 verlasse, und die Landschaft knittert. Nicht nur kleine Eselsöhrchen, sondern veritabler Faltenwurf. Weite Schwünge, Koppen, Täler, ein Relief wie bei den Teletubbies. Kein Zweifel: Ich nähere mich dem Hauptkamm der Holsteinischen Schweiz. Im kleinen Gang arbeite ich mich hinauf zum Gut Kirchmühl, dann parke ich mein Rad und rüste mich zum Gipfelsturm (heißt: Schuhe zubinden).

Auf eher subalpinem Trail gehe ich steigungsarm zum gut erkennbaren Doppelgipfel: Einerseits ist da eine bewaldete Kuppe, zwischen deren Bäumen mehrere Bauten erahnbar sind, zum anderen eine freie Wiese, auf der ein Granitblock, aufgestellt von der dänischen Landvermessungsbehörde im Jahre 1838, den höchsten Punkt markiert, nämlich 168 Meter über N.N.

Doch gemach. Zunächst begehe ich den höchsten Hain Schleswig-Holsteins, an dessen Zuweg ich eine sonderbare Skulptur passiere. Was ist das? Ein Hünengrab? So ähnlich. Eine Plakette weist das Gebilde als Kletterfelsen nach Industrienorm EN 1176 aus, erbaut in Cottbus, Projekt-Nummer 2013-09-93. Das Innere der Konstruktion taugt auch als Unterstand, urteile ich fachmännisch, bin erfüllt vom Gefühl, ein Meisterwerk brandenburgischer Freizeitarchitektur kennengelernt zu haben, und denke an Helmut Kohl, der von Deutschland als einem »Freizeitpark« sprach, womit er zum Ausdruck bringen wollte, dass emsiges Arbeiten nicht mehr so recht unser Ding sei.

Fünfzig Meter weiter betrete ich das eigentliche Gipfelplateau, auf dem sich Kultbauten aus gleich mehreren Epochen besichtigen lassen: Der Elisabethturm (erbaut vom Oldenburgischen Großherzog 1884 – quasi »unser« Beitrag), dann die Gastwirtschaft »Waldschänke«, der Kleinkinderspielplatz, fein säuberlich getrennt vom Kinderspielplatz, die Logistikgebäude der Stiftung, die sich um die Versiegelung, äh, Attraktivierung des Bungsberges bemüht, dann das Stiftungsgebäude selbst (»Wenn's um Geld geht: Sparkasse«), ein »moderner« Fernsehturm mit Aussichtsplattform (bei guter Sicht Blick auf die Ostsee), eine »Gletscherrinne«, ein »Besiedelungsplatz«, und – gleichsam als Open-Air-Foyer dieser Kultstätte – der Parkplatz.

Wer wird hier angebetet? Der Gott der Zerstreuung, dessen Heilige die Mainzelmännchen sind, der Zonk, das Sandmännchen? Sein »Großer Gott, wir loben dich« ist die Tagesschau-Melodie, der SAT.1-Ball eine seiner Ikonen. Ja, Funk und Fernsehen sind hier vertreten, mit einem in seiner Vielfalt weltweit einzigartigen Ensemble unterschiedlicher Sendeanlagen. Sogar der Elisabethturm diente zwischen 1954 und 1960 als UKW-Sendeanlage. Der Bungsberg hat eine Mission, er atmet Sendungsbewusstsein.

Aber der Bungsberg ist eben nicht nur Kultstätte der Television, sondern auch des konkret-körperlichen Vergnügens. Auf dem Bungsberg nämlich befindet sich Schleswig-Holsteins einziges und Deutschlands nördlichstes Skigebiet. Wenn die Schneelage es zulässt, bietet der Nordosthang mehrere Abfahrten, die in allen Varianten nach circa 25 Sekunden enden. 1970 wurde der 500 Meter lange Schlepplift installiert, eine Investition, die sich ob der konkurrenzlosen Schneesicherheit des Bungsbergs bereits nach wenigen Wintern amortisiert hatte. Hoppla; jetzt habe ich mich kurz von meiner Fantasie davontragen lassen. Pardon. Nein, ohne Witz: Rekordwinter war die Skisaison 2009/10 mit 54 Lifttagen. Immerhin.

> **»Auf dem Bungsberg nämlich befindet sich Schleswig-Holsteins einziges und Deutschlands nördlichstes Skigebiet.«**

In internationalen Skigebiets-Test-Magazinen schneidet der Bungsberg zumeist deutlich hinter Lech, Zürs und Cortina d'Ampezzo ab. Mit einer Bewerbung um die Ausrichtung Olympischer Winterspiele konnte man sich bisher nicht gegen die starke Konkurrenz durchsetzen. Obwohl ich's famos fände – dann würde sogar ich wieder Olympia gucken. Die hiesige Sendelogistik erfüllt schon mal alle denkbaren Erwartungen, zugebaut ist eh alles, und bei Schneemangel lässt sich auf Ersatzdisziplinen wie Hünengrabklettern ausweichen.

Am Gipfelstein lungern zwei Halbstarke mit Ghettoblaster herum, trinken Schlüpferstürmer und hören P. Diddy. Als ich mich nähere, drehen sie artig am Volumenknopf, und der Rap ebbt ab. Ich bitte sie, mich auf dem Stein stehend zu fotografieren, eine Bitte, der sie beflissen nachkommen. »GM« bedeutet übrigens: »Gradmessung« – eine veraltete, geodätische Methode zur Berechnung der Erdfigur. Und weiter geht's.

Helpter Berg, Mecklenburg-Vorpommern, 179 m

Juni 2018. Rot geht im Osten die Sonne auf, als ich morgens um fünf von Berlin-Weissensee kommend auf der L100 durch Wandlitz rolle. Mein Tagesvorhaben: Von der Teutonenmetropole auf dem Faltrad nach Usedom, wo ich mit Carlo von Tiedemann am darauffolgenden Tag eine weitere Folge unserer lustigen Kurorte-Porträtreihe drehe. Der Sommer ist heiß, und zur Belohnung für einen langen Tag auf dem Faltrad imaginiere ich ein erquickendes Bad in der Ostsee.

Von Bischofswerder geht's an der Havel entlang bis nach Zehdenick, wo ich lecker Pflaumenkuchen frühstücke. Über die B109 weiter nach Templin, das verwunschene Backsteinidyll. Danach radele ich auf einem langgestreckten, zum Radweg umgebauten Bahndamm, der durch einen Auwald führt. Dort begegne ich einem weitgereisten Liegeradler, mit dem ich ins Plauschen gerate. Er versucht mich fürs Liegeradeln zu begeistern, ich wende die mangelnde Bergtauglichkeit ein. Und damit gebe ich mir selbst ein

Stichwort: Berge. Höchste Eisenbahn, zu überprüfen, ob ich nicht zufällig am höchsten Berg Mecklenburg-Vorpommerns vorbeikomme, um diesen meiner 16-Summits-Sammlung beizufügen. Check: Ja, der Helpter Berg liegt zufällig am Weg. Dascha'n Ding! Er befindet sich zwischen der Stadt Woldegk und der Gemeinde Helpt, und ich erreiche ihn am Mittag, nach etwa 125 Kilometern Anfahrt. Die Gegend ist gewellt, von lieblichem Charakter, alte Eiszeit, so eine Wuthering-Heights-Landschaft. Man könnte hier auch Rosamunde Pilcher drehen. Von der Straße aus ist die höchste Kuppe eher mitteldeutlich erkennbar, auch, weil die Hügel mit opulenten Waldfrisuren verziert sind. Der Fernsehturm schließt aber alle Zweifel aus, fungiert wie ein Textmarker. Ja, Sie sind richtig, HIER spielt die Musik!

Und da erkenne ich auch schon ein Hinweisschild, das den Helpter Berg als touristisches Highlight ausweist. Ich stelle mein Rad ab. Zunächst geht es einen schmalen Ackerpfad bergauf, dann geht es auf wenig begangenem Weg durch den Wald. Leichte Orientierungsschwierigkeiten. Manches ist zugewachsen, andere Baumschneisen

An den meisten Tagen ist am Mount Everest
deutlich mehr los als hier.

meinem Navi unbekannt. Haupthindernis der Unternehmung sind jedoch die Mücken, die in diesem Wald jeden erbarmungslos attackieren, der ungebeten eindringt, um den Gipfel zu erobern. »Kurze Hosen, Radlerleibchen: Lecker!«, schmatzen sie gierig im riesigen Chor.

Bald nähere ich mich dem Gipfel, erkennbar an der dazugehörigen Infrastruktur: Schutzhütte rechts, Parkbank mittig, davor das Gipfelkreuz. Macht alles einen eher selten besuchten Eindruck, aber als Rookie bin ich womöglich außerhalb der Saison hier – eben dann, wenn die Mücken ihr Unwesen treiben und kein Local, kein Mecklenburger Sherpa den Weg wagen würde. Ich erledige einige der Biester und zwinge mich zu einem Lächeln für das Gipfel-Selfie. Schauspielerische Glanzleistung, denn allein während der kurzen Belichtungszeit verliere ich einen Deziliter Blut.

Aussicht im konventionellen Sinne ist eher nicht vorhanden, demzufolge auch kein Panorama. Nur dichte, Mücken verschwirrte Waldeinsamkeit.

Nach dem Abstieg setze ich mich wieder auf mein Rad und kühle meine Stiche mit scharfem Fahrtwind. Durst; der Blutverlust will ersetzt werden. Um meine leeren Flaschen zu füllen, lade ich mich bei einer äußerst abgelegen wohnenden, s e h r l a n g-s a m s p r e c h e n d e n u n d s i c h b e w e g e n d e n Frührentnerin in DDR-Kittelschürze in die Wohnküche ein, und der Pilcher-Film bekommt einen Touch Stephen King: Sie verlässt das Zimmer mit den Buddeln, die Tür geht zu. Nichts passiert. Beklommenes Warten. Nach einer Viertelstunde ist sie wieder da, die Flaschen voll, ich am Leben. T s c h ü s s!

Weiterer Tagesverlauf: Mittagessen in Friedland, mit der Radlerfähre von Anklam nach Usedom, am Steuerruder ein perfekt gecasteter Seebär. Weiter in die Kaiserbäder, und dann, nach 216 Kilometern: rein in die Fluten.

Friedehorstpark, Bremen, 32,5 m

Die höchste (natürliche) Erhebung des Landes Bremen (von »Berg« mag man hier nicht wirklich sprechen), befindet sich im Friedehorstpark im Ortsteil Lesum, also in Bremen-Nord: Mit 32,5 Meter über Normal Null abgeschlagen auf dem letzten Platz unter den 16 Summits der deutschen Bundesländer.

In den einschlägigen Foren wird er als Geheimtipp gehandelt, denn er ist der einzige Höhepunkt, auf den nicht mit Gipfelkreuz, Stein, Hütte, Plakette oder sonst wie hingewiesen wird. Hanseatische Bescheidenheit? Oder der klammen Kasse des Senats geschuldet? Nichts wie hin zum Ortstermin.

Mag der (bezeichnenderweise namenlose) Berg der kleinste sein, so wird dafür meine Anfahrt die längste: Morgens um 5:15 Uhr besteigen mein Faltrad und ich die Hafenfähre »Reeperbahn« an den St. Pauli-Landungsbrücken und lassen uns über die Elbe nach Finkenwerder schippern.

Von Finkenwerder aus radele ich nach Buxtehude und auf eher ereignisarmen Radwegen weiter nach Zeven. Dort kehre ich im Ratscafé zum Kaffeetscherl ein, mit Blick auf den Takko-Markt.

Es gibt gewiss viel schönere Wege von Hamburg nach Bremen, allen voran den offiziellen Radfernweg. Aber zum einen möchte ich mittags bei Muttern in Oldenburg sein und für eine echte Bummelei fehlt mir die Zeit, zum anderen handelt es sich bei dieser Strecke um eine Traditionstour. Regelmäßig, am liebsten einmal pro Jahr, befahre ich diese Route, einmal sogar zum Teil mit meinem verehrten Sportfreund Uwe Weist. Und als Konservativer ändere ich ich schließlich nur im Notfall die Fixpunkte meines Sportkalenders.

Hinter Zeven passiere ich die namensstarken Ortschaften Hipstedt und Ostereistedt. Hinter Tarmstedt geht's rechts durchs Teufelsmoor, dann quer durch Worpswede, das berühmte Künstlerdorf.

Dass man eine betont öde Gegend bewohnt, um sich bildnerisch in ihrer Trostlosigkeit zu spiegeln – das macht ja heutzutage niemand mehr. Die Instagrammer gieren alle nach Berlin, Dubai und Co. Paula Modersohn-Becker hätte womöglich auch Instafame gesammelt, aber, nun ja, mit ganz anderen GIFs.

Jetzt wird die Landschaft pittoresk. Weite Horizonte, viel Entengrütze in den Kanälen. An Ritterhude vorbei in die Freie Hansestadt. Der Friedehorstpark ist per Komoot schnell zu finden, nach 115 Kilometern Anfahrt. Ich steige ab, schiebe mein Klapprad über die Parkwege und überlasse mich meinem grenzenlosen Staunen. Tatsächlich, da ist nichts, was man für eine Bodenerhebung halten könnte. Eine Baumgruppe etwa da, wo angeblich verlässliche Internet-Spezialseiten den Gipfel verorten, davor ein Brennnesselnest: Ja, das könnte es sein. Die piksige Brennnessel als wehrhafter Wächter dieser obersten Sprosse der unsichtbaren Bremer Himmelsleiter. Kaum zu fassen, dass man derlei nicht anständig markiert.

Bremen, so behauptet jedenfalls mein Papa gern, habe eine der größten Sektionen des Deutschen Alpenvereins. Also, liebe Bremer Alpinisten, erklärt euch, mir, warum man den Peak mühsam suchen muss. Interessiert mich wirklich! Da baut man in Bremen gernegroße Groschengräber wie den Space-Park, und die echten Attraktionen, vom lieben Gott für umme in den (Earth-)Park geworfen, versteckt, verschweigt ihr verschämt. Oder gibt es hier gar keinen »höchsten Punkt«? Nein, meine Quellen sind seriös (Internet). Um auch ja nichts zu verpassen, begehe ich vorsichtshalber kreuz und quer alle Wege.

Mit gemischten Gefühlen (»I did it«-Gipfelglück, verquirlt mit dem Gleichmut des Desillusionierten) verlasse ich den Friedehorstpark wieder, erklimme mein Klapprad (deutlich höher als Bremens höchster Gipfel) und rolle rüber nach Vegesack zur Weser-fähre. Ehe wir ablegen, darf ein Seeschiff Richtung stadtbremische Häfen passieren – eine Besonderheit heutzutage. Die meisten haben schon in Bremerhaven keine Puste mehr oder steuern gleich den Jade-Port, Hamburg oder Rotterdam an. Auf der Olden-burger Seite pette ich am Deich entlang, komme zu einem Strandkorb, der mit einem Pappschild versehen ist, auf dem »Pause« steht. Würde gerne, will aber ins Elternhaus, das ich, nach Linkskurve in Berne und Endspurt durch hochsommerliche Mittagshitze, um kurz vor zwei erreiche. 153 Kilometer und ein, äh, Berg. Tolle Tour!

Auf das Gegenstück zur »Erhebung« im Friedehorstpark, die von mir bereits mehrfach von allen Seiten erwanderte Zugspitze, komme ich ganz am Schluss dieses Buches ge-sondert zurück, die restlichen zehn Summits erklimme ich allesamt gemeinsam mit Bernhard Hoëcker, und zwar im Rahmen unserer »Gute Frage«-Tourneen. Unser erster gemeinsamer Gipfel war der

Dollberg, Saarland, 695 m

Im Januar 2020, also kurz vor Beginn der Corona-Pandemie, befanden wir uns auf einer Auftrittsreise, die uns aus der Schweiz über Liechtenstein und den Rheingraben nord-wärts führte. Tourmanagerin Renate parkte den Wagen in der Ortschaft Neuhütten, von wo aus mein berggängiger Kollege und ich den Gipfel erstürmten. Als passionierter Geocacher interessierte sich Bernhard nicht zuletzt für die am Wegesrand abgelegten Caches, und auf dem kurzen Gang über den waldigen Bergrücken wurde er fündig. Den Gipfel ziert ein umgekippter Baumstamm, außerdem eine gepflegte Beschilderung, vor der sich auch die Fotobedürfnisse verwöhnter Unterhaltungsfachkräfte spielend be-friedigen lassen. Das erhebende Erlebnis löste eine richtiggehende Entdeckereuphorie aus, und zwischen unseren Auftritten in den darauffolgenden Tagen besuchten wir die höchsten Berge Luxemburgs, Belgiens und der Niederlande (alle an einem Tag). Wäh-rend Bernhard tags darauf ein Interview gab, nahm ich noch die höchste Erhebung der Stadt Osnabrück mit (eine Müllkippe, sehr sehenswert). In unserer Begeisterung planten wir extra die Anlage eines gemeinsamen Gipfelbuches und eine Tournee, deren Zweck (neben dem abendlichen Entertainment) darin bestand, mir, bzw. uns, die Komplettierung meiner, will sagen unserer Gipfelsammlung zu ermöglichen. Corona zwang uns, die Realisierung dieses Vorhabens um zwei Jahre zu verschieben. Im Mai 2022 war es endlich so weit. Hier unsere Notizen in Kurzform:

Feldberg, Baden-Württemberg, 1493 m

Riesen-Parkhaus, gegenüber die »Feldberg-Passagen« mit reichhaltigem Landjägerangebot. Spezialität: Schwarzwurst und Feldbergle. Noch mehr Bebauungswahnsinn als an der Zugspitze, auf der bekanntlich lediglich H&M- und Zara-Filialen fehlen, Deutschlands höchstes Postamt jedoch nicht. Aber zurück zum Feldberg. Der ist ein unbewal-

Genau hier gelang es mir, meinen Freund Bernhard
für die »Sixteen Summits« zu begeistern.

deter Wiesenbuckel mit Skilift, bis an die Zähne mit Schneekanonen bewaffnet. Bernhard mutmaßt, dass kein Berg im Schwarzwald so hässlich ist wie der Feldberg – aber da wäre ich vorsichtig, uns fehlen die flächendeckenden Ortskenntnisse.

Nach 20 Minuten erreichen wir den Gipfel. Denken wir. Einige Dutzend Vatertagsausflügler beleben das Areal rund um eine hohe Steinpyramide, zu Bismarcks Ehren angehäufelt, und genießen das generöse Panorama. Fast wollen wir wieder zurück zum Parkhaus, als wir entdecken, dass wir uns geirrt haben: Der wirkliche Gipfel befindet sich ein gutes Stückchen entfernt, markiert mit einer Radarstation (heute Deutscher Wetterdienst). Bernhard scheint enttäuscht, will nicht mehr weiterwandern. Unklar, ob er ironisiert. Am echten Gipfel großes Hallo, Fotos mit Fans allenthalben. »Wollen sie auch ein Bild?«, fragt Bernhard eine Familie, die allerdings aus Frankreich kommt und nicht weiß, warum sie sich mit uns fotografieren lassen soll.

Nach zwei Stunden Wegstrecke haben wir großen Hunger und verzehren die Schwarzwürste mit Pelle. Dass diese eigentlich nicht zum Verzehr geeignet ist, erfahren wir erst am Abend auf der Bühne im Hoftheater Baienfurt, durch Zuruf wurstkundiger Zuschauer. Überlebt; noch acht Gipfel.

Erbeskopf, Rheinland-Pfalz, 816 m

Das Navi führt unser Tourneeauto bis auf das Hochplateau, so dass wir zum eigentlichen Gipfel nur circa 50 Meter zurückzulegen haben. Von einer Bergwanderung kann man da gewiss nicht sprechen, nicht einmal von einem Spaziergang. »Sich die Beine vertreten«, ist die korrekte Bezeichnung für das, was wir auf 816 Metern Seehöhe tun, aber damit bewegen wir uns immerhin im Bereich der in diesem Buch behandelten Thematik.

> **»Von einer Bergwanderung kann man da gewiss nicht sprechen, nicht einmal von einem Spaziergang.«**

Das Verhältnis zwischen zivilen und militärischen Bauten hält sich an diesem waldigen Buckel die Waage: Da ist ein hölzerner Aussichtsturm, der aber wegen Sturmschäden gesperrt ist, ferner eine Radar- oder Abhöranlage. »Fotografieren verboten, der Objektkommandant«, steht am Zaun, also gehen wir für das obligatorische Gipfelfoto rüber zu einer monumentalen, am Boden liegenden Landkarte aus Eisen, auf der mich Bernhard mittig positioniert und anschließend an seinem Handy eine Zeitlupenaufnahme auslöst. Sodann schleudert er das iPhone nach Art eines Hammerwerfers hoch in die Luft, und während es fliegt, erklärt mein Kollege mir, worauf es ankommt: »Die Linse sollte sich möglichst lange und oft orthogonal zur Blickachse des Objektes bewegen. Für die Belichtung ist es manchmal … ups!« Krachend landet der Fernsprecher auf der Metallplatte, Display und Karosserie sind geborsten. Doch der Ärger währt nur kurz, da uns der Blick auf das Skigebiet und die dahinterliegenden Weiten des Hunsrück-Hochwaldes mit ihren unzähligen Wipfeln und Windkraftanlagen für alles entschädigt. Hinterm Picknickhäuschen registriere ich blühenden Ginster, Lupinen und Giersch, dann steigen wir wieder ein. Noch sieben.

Langenberg, Nordrhein-Westfalen, 843 m

Tourmanagerin Renate chauffiert uns durch Willingen-Upland, und auf den Bürgersteigen tummeln sich die Ausflügler. Vor und hinter uns knattern stramm beleibte, weißhaarige Vollbartrocker auf gelben Harleys mit den Teilnehmern einer Citroën-Oldtimer-Ralley um die Wette. Das nächste internationale Skispringen wird zwar bereits beworben, ist aber noch lange hin. Dennoch ist der Ort pickepackevoll, die Architektur konsequent brutalistisch-bungalowesk. Mit mulmigem Gefühl passieren wir eine Bergrettungswache. Wofür braucht man die hier? Kann es sein, dass wir unser Vorhaben kapital unterschätzen? Drohen uns Absturz, dünne Luft oder doch wenigstens aggressive Wildschwein-Bachen?

Dort, wo der Ort ausfranst und die Landschaft ins Kanadische kippt, steigen Bernhard und ich auf Fußbetrieb um. Aus Asphalt wird Schotter, aus Schotter bald ein schmaler Pfad, der zu einem idyllischen Richtplatz führt. Mindestens so majestätisch wie die gelben Harleys ziehen die Wolkenschiffe überm Grenzweg Richtung Hessen. Kein schlechter Platz, um den Löffel abzugeben. Wir stärken uns mit Fitnessriegeln, Bernhard adjustiert die Zipper seiner brandneuen Trekkinghose, die er am Vormittag in einem Outdoorshop nahe Gießen erworben hat.

Elegant stolpern wir über das anmutige Wurzelgeflecht, das den Wanderweg gliedert, und zwischendurch stapfen wir durch grundlose Schlammpfützen, von zahllosen Mountainbikestollenreifen ausgehoben und verquirlt. Bernhards schwere Bergstiefel werden mit den Herausforderungen spielend fertig, meine Sandalen hingegen geraten an gewisse Grenzen, vor allem, wenn der Schlamm sich zwischen Fuß und Sandalensohle setzt und mich zu zeitraubenden Reinigungsbädern zwingt.

Bernhard versucht einem umgestürzten Baum auszuweichen, rutscht dabei aus und fällt mit der Flanke auf einen spitzen Ast. Er schreit schrill und hält sich schnaufend die Wunde. Während er von Schmerzenswellen durchflutet zusammensackt, entsperre ich mein Handy, um notfalls zügig die Bergrettung alarmieren zu können. Ist dann aber doch nicht nötig, es blutet nur fast.

Kurze Erholungsrast an einem ehemaligen Aussichtspunkt mit Liegebank, der zwischenzeitlich zugewachsen ist. Geocaches sind wohl vorhanden, aber allzu gut versteckt, was Bernhards Psyche zusätzlich zusetzt. Weiter, auf zum Gipfel. Am Rande des Weges sitzen zwei niederländische Seniorinnen und pinzettieren sich gegenseitig Zecken aus ihren Waden und Dekolletées. Durch dichten Hochwald streben wir unerschrocken weiter, und da ist sie auch schon, die heimelige Lichtung am höchsten Punkt des volkreichsten Bundeslandes.

Eine Sitzgruppe zum Picknicken, ein stolzes Gipfelkreuz und eine Hängematte heißen uns willkommen, hier, weit und hoch von und über allen Hochöfen, Fördertürmen und Abraumhalden. An diesem Ort, zehn Meter von der hessischen Grenze entfernt, ist NRW ganz lauschig, still und bescheiden. Fernsicht ist nicht vorgesehen, und so kann der Wanderer sich ganz auf den freundlichen Platz und sein Mobiliar konzentrieren. Mein treuer Sherpa, äh, Freund legt sich auf die Holzhängematte und schläft auf der Stelle ein, während ich mich am Gipfelbuch zu schaffen mache, dessen handschmeichlerischer Korkeinband die Strapazen des Aufstiegs rasch vergessen lässt. Ich verfasse einen länglichen Eintrag, plaudere mit einigen Herren in Gore-Tex, die den Upland-Weg in Gänze begehen, dann wecke ich Bernhard. Erneut sucht er erfolglos nach Caches, geht wieder und wieder die Ränder der Lichtung ab, verschwindet manchmal kurz im Unterholz, so dass die anderen Wanderer den Eindruck gewinnen können, er müsse auf Toilette, komme aber nicht zu Potte, warum auch immer.

Schließlich verlassen wir den gastlichen Ort, diesmal via Grenzweg, über hessisches Hoheitsgebiet. Ohne Unterstützung (etwa durch den Hubschrauber der Bergwacht) erreichen wir nach zwei Stunden erneut Willingen und schildern der auf uns wartenden Renate in dramatischen Worten, was uns widerfahren ist. Auch am Abend auf der Bühne in Lüdenscheid spielt Bernhard mit dem Gedanken, seine Rumpfwunde dem Publikum zu präsentieren, vielleicht sogar jeden und jede einmal über den Schorf streichen zu lassen, aber dann nimmt er doch Abstand – der Anblick der Schramme könnte Zartbesaitete in Ohnmacht fallen lassen, und das hält nur auf.

Wasserkuppe, Fulda, 950 m

Start in Abtsroda. Über einen schmeichelnden Waldpfad zur »Kasse des Vertrauens«, bei der es sich um ein simples Sparschwein handelt – Kartenzahlung nicht vorgesehen. Davor: Eine Viehtränke, die mit drei Getränkekisten gefüllt ist. Selbstbedienung ist Trumpf. Wie gerne besteigt man einen Berg, der einem so viel Vertrauen entgegenbringt! Schade, dass wir noch keinen Durst haben.

Erster Halt am Fliegerdenkmal, zu dessen Einweihung 1923 30 000 Menschen die weitläufige Gipfelwiese besuchten, nicht zuletzt Ausdruck des Protestes gegen den Versailler Vertrag. Dieses Denkmal habe ich bereits als Neunjähriger erklommen, und heute mache ich's genauso. Über uns gondeln die Segelflieger. Klar, dies ist das Alleinstellungsmerkmal der Wasserkuppe unter den 16 Summits: Sie ist das geistige Zentrum des Fliegens, der Freiheit über den Wolken in Deutschland. Passend dazu der Auftrag der bis zu 800 US-Soldaten, die hier oben im Kalten Krieg den Lauftraum überwachten: »Guardian of Freedom«. Gut möglich, dass der Job von den GIs für eher langweilig gehalten wurde – der weite Blick gibt dem Berg ein eher kontemplatives Gepräge. Als Souvenir erwerbe ich ein Schnapsglas mit Segelflugzeuggravur, und anschließend verspeisen Bernhard und ich einen »Fliegereintopf«: Erbsensuppe mit Sauerkraut und Wursteinlage. Auf der Bühne abends in Fulda erfahren wir, dass wir eigentlich »Flurgönder« hätten essen sollen, das ist ein Schwartenmagen mit Bandnudeln, das klassische Gericht dieser Gegend rund um Himmelfahrt. Eigentlich ist ein Flurgönder kugelförmig, wird aber für den Einsatz als Tellergericht in Scheiben geschnitten. Als man uns am Abend fragt, was wir von Flat-Earthern halten, den Anhängern der Theorie, dass es sich bei der Erde um eine Scheibe handele, versteige ich mich zu der Bemerkung, dass die Erde ein Flurgönder sei, und ich möchte hinzufügen: Schneidet man den Flurgönder in zwei Hälften, erhält man zwei Wasserkuppen.

Großer Beerberg, Thüringen, 983 m

In Heidersbach schickt uns Renate los Richtung Rennsteig, zunächst auf schmalem Pfad, später auf breiteren Forststraßen. Eine ältere Alleinwanderin erkennt uns bzw. meint uns zu erkennen. »Guten Tag, Herr Pflaume!«, begrüßt sie Bernhard, mich verwechselt sie mit Elton. Wir lassen sie in ihrem Glauben, zumal die Ähnlichkeit zwischen Elton und mir ja tatsächlich frappant ist – wenn man denn nur lange genug genau hinschaut.

Bald erreichen wir »Plänckners Aussicht«, einen Picknickplatz mit Aussichtspodest, der einheitlich gestaltet ist – allenthalben ist das »R« des legendären Rennsteiges ins Bauholz geschnitzt. Der Fernblick gen Süden lädt auch an diesem Tag zum Träumen ein. Plänckners Aussicht ist, so mutmaßen wir, deshalb so umfangreich, einladend und opulent gestaltet, um die Massen der Beerbergbesucher vom Gipfel fernzuhalten, der sich in einem Bisosphärenreservat befindet, nämlich in empfindlichem Hochmoor. Da aber niemand guckt und uns kein Schild am Betreten hindert, gehen wir, ganz leise und auf Zehenspitzen, weiter zum Gipfel, der mit einer hochoriginellen Skulptur gekennzeichnet ist: Ein hölzernes Dreibein, wie man es zum Befestigen von Suppenkesseln überm Lagerfeuer nutzt, allerdings ohne Topf, dafür mit einer nepalesischen Gebetsflagge und einigen kunstvoll miteinander verhakten Langlaufski-Bruchstücken. Unter allen Gipfelmonumenten der 16 Summits ist dies gewiss die geschmackvollste, auch überraschendste Lösung. Hinter dem Gipfel erstreckt sich das Hochmoor, und durch die weißen, flaumigen Blüten des Wollgrases wähnt man sich unwillkürlich in Louisiana. Ist das da unten nicht New Orleans, fragen wir uns, als wir von Plänckners Aussicht herab einer Stadt gewahr werden? Fast. Es ist Suhl.

In einer Geocache-Tupperdose findet Bernhard zwei Mini-Knoppers, die wir zum zweiten Frühstück verzehren, dann verlassen wir den verwunschenen Ort und reisen weiter.

Wurmberg, Niedersachsen, 971 m

Hier ist alles auf Hexen getrimmt. Wir beginnen unsere Harzreise an der Talstation des Hexenrittlifts beziehungsweise des Hexenexpress-Lifts und steigen, äußerst profan, die Skipiste hinauf. Von derartigen Begehungen hörte ich erstmals durch Kurt Felix, Gott hab ihn selig, dessen Wanderkarriere mit Pistenbegehungen endete, zumeist in Begleitung von Paola. Bei Karl Dalls 60. Geburtstag, kurz nach der Jahrtausendwende, erzählten mir die beiden ausführlich von ihren sportlichen Vorlieben, und ich war hingerissen. Z.B. hatte Kurt Felix über viele Jahre alle Autobahnteilstücke der Schweiz abgeschritten, in der Nacht, bevor sie dem Verkehr übergeben wurden. Im Gotthardtunnel hatte dies zu einem polizeilichen Großeinsatz geführt, weil die Exekutive im »Verstehen-Sie-Spaß«-Moderator einen Rowdy oder gar einen Terroristen vermutete.

Einige Hundert Meter weiter oben wartet die »Wurmbergalm« auf uns, eine Restauration nebst Turmrutsche und benachbarter Ausgrabungsstätte. Archäologen stießen hier auf rätselhafte Artefakte, man dachte an kultische Stätten der Steinzeit, auch ein Hexentanzplatz wurde durchaus nicht ausgeschlossen. Zur allgemeinen Überraschung stellte sich dann heraus, dass es sich um die Grundmauern einer Hütte aus der Mitte des letzten Jahrhunderts handelte. Ähnlich wie auf der Wasserkuppe übermannen mich auch an diesem Ort die Erinnerungen an meine Kindheit. Beim Anblick des Brockens auf der anderen Seite der Zonengrenze werden jene Bilder wieder wach, die ich als Dreikäsehoch archivierte, allerdings in einem Hinterstübchen, das jahrzehntelang unkonsultiert blieb. Jetzt, plopp, ist alles wieder präsent, und eine warme Woge des Glücks durchrollt mich, als mir erneut klar wird, wie schön es doch ist, dass aus dem Todesstreifen, der Deutschland teilte, ein Wanderweg geworden ist, das »grüne Band«. Allerdings ist dieses Band momentan mitnichten grün, weil der Wald hier im Harz tot ist – jedenfalls sieht es für uns Laien so aus. Nicht einzelne Fichten liegen quer, sondern ganze Baumgruppen sind mitsamt den darunterliegenden Flurstücken umgekippt. Alles ist grau-braun, um das Tuut-tuuut der Brockenbahn klingt wie der Ruf eines gespenstischen Uhus, der umherfliegt, um die Apokalyse zu verkünden. Von kalten Schauern erfrischt, gehen wir weiter, den nahe gelegenen Brocken im Visier.

Brocken, Sachsen-Anhalt, 1141 m

Immer wieder bleiben wir kopfschüttelnd stehen, studieren das ungewohnte Landschaftsbild und assoziieren unbeholfen »Hartz 4«. Auf Schautafeln werden wir belehrt, dass der Wald keineswegs tot sei, sondern lediglich im Umbruch. Gewiss, zwischen den Abertausenden Baumleichen, niedergemetzelt von Dürre und Borkenkäfer, sprießt das neue Leben, und wir hoffen, dass alte Fehler nicht erneut begangen werden, nämlich die Vorliebe für monokulturellen Fichtenanbau, um schnelle Rendite zu erzielen. Welche Baumarten in den veränderten klimatischen Bedingungen gedeihen, werde ich erst in einigen Jahren sehen – wenn es mich eines Tages wieder ins Reich der Rothaarigen führt.

Auf dem Hexenstieg mit seinen granitenen Großkieseln stoße ich mit meinen Laufsandalen (»Shamma Mountain Goat«) an gewisse Grenzen, aber ich lasse mir meine durchaus riskante Schuhwahl nicht anmerken. Alles puppig, flunkere ich Bernhard an, der wie immer in seinen schweren Bergstiefeln unterwegs ist. Bald überholen wir Klassen aus Brennpunktschulen. »Ich geh Bahnhof!«, höre ich heraus, und auch wir passieren bald die Gipfelstation der Brockenbahn und staunen über den majestätischsten Blick, den Norddeutschland zu bieten hat. Alles ist hier oben wuchtig und groß: Die zum Hotel umgebaute NVA-Abhörstation, der obelix'sche Felsen, der per schwerer Metalltafel völlig zurecht als »Brocken« markiert ist, ferner die Denkmale für Goethe, Heinrich Heine und Brocken-Benno, dem inzwischen 90-jährigen Rekordwanderer, der den Brocken unfassbare 9000 Mal bestiegen hat.

Es windet kräftig, genauso, wie es sich gehört, und als ich auf Social Media ein Selfie in kurzen Hosen poste, wird mir prompt bleierne Lebensmüdigkeit nachgesagt. In der kantinenhaften Gipfel-Klause fädeln wir uns in die Essensausgabe ein (Sülze mit Bratkartoffeln) und verlangen nach Brockenhexen-Flugbenzin. Schade, das gibt es nur im Souvenirladen, und der hat zu. Ersatzhalber erwerbe ich vom Schaffner auf der Talfahrt in der Brockenbahn ein Fläschchen Bahnerschluck, ehe wir am Abend durchaus beschwingt die Bühne in Wernigerode erklimmen. Tagesfazit: Der Brocken ist der gewaltigste, am meisten einschüchternde aller besuchten Berge, von der Zugspitze mal abgesehen – und das liegt zum einen an seiner breitschultrigen Monumentalität und zum anderen am Zustand des Waldes.

Mit meinem treuen Sherpa, äh, Freund auf dem Brocken.
Unter uns: Ich friere an den Zehen.

Kutschenberg, Brandenburg, 201 m

Gar lieblich liegen die Kmehlener Berge hinter Groß-Kmehlen, auf halbem Wege zwischen Finsterwalde und Dresden, just an der Grenze zu Sachsen. Die Anfahrt ist lang und umständlich und bietet Renate, Bernhard und mir reichlich Gelegenheit zur Diskussion der Frage, welchen Berg wir überhaupt besteigen sollen: Den Kutschenberg oder doch lieber die benachbarte Heidehöhe? An ihrer Flanke liegt der höchste Punkt Brandenburgs, 40 Zentimeter höher als der Kutschenberg. Der Gipfel der Heidehöhe liegt allerdings in Sachsen. Was tun? In Nerd-Kreisen ein umstrittenes Thema. Wir entscheiden uns für den Kutschenberg, ich nehme mir aber vor, bei Gelegenheit auch die Heidehöhe nachzutragen, um mir nur ja keine sammelalpinistischen Blößen zu geben. Am Wanderparkplatz hinter Groß-Kmehlen schickt uns Renate auf die Reise, und wir durchschreiten ein einsames Tälchen bis zum Talabschluss, just wie in den Alpen, allerdings im Format einer Faller Modellbaulandschaft und bedeutend flacher. Blau blühen die Kornblumen, passend zum Himmel und meiner Wanderkrawatte. Nach einem Viertelstündchen, wenn überhaupt, gelangen wir auf eine Anhöhe, von der aus man das Westlausitzer Bergland bei den Lebkuchenstädten Kamenz und Pulsnitz mit dem 413 Meter hohen Keulenberg überblickt, der höchsten Erhebung zwischen Dresden und Norwegen.

> **»Blau blühen die Kornblumen, passend zum Himmel und meiner Wanderkrawatte.«**

Aufgekratzt plappernd genießen wir die Stille, es ist dies mit Abstand der entlegenste, einsamste, märchenhafteste Ort unter den deutschen Großbergen. Niemand begegnet uns, auch nicht, als wir uns auf schmalem Waldpfad dem Gipfel nähern, der mit einer schlichten Stele markiert ist. Bernhard ergoogelt, dass man von einem Mittelgebirge ab 200 Meter Höhe spricht. Der Kutschenberg ist einen Meter höher, und sogleich argwöhnen wir, dass sich ein lokaler Touristikmanager mit einer Schaufel am Berg zu schaffen gemacht haben könnte – ein Gedanke, den wir allerdings sogleich wieder verwerfen, zumal weit und breit keine Spuren von Massentourismus zu sehen sind, nicht einmal von vereinzelten Besuchen. Bergab geht's auf erstaunlich steilem Pfad, vorbei an einer heimeligen Skihütte. Verstehe, hier frönt man dem Wintersport! Ich werde darauf zurückkommen, eines Tages, wenn die Schneelage taugt. Und mit den wärmsten Glücksgefühlen kehren wir zurück zu unserem Ausgangspunkt und lassen uns auf einer Parkbank nieder. Wir vergessen fast, weiterzufahren, zum Auftritt nach Dresden, so schön ist es hier.

Fichtelberg, Sachsen, 1215 m

Start am Parkplatz in Oberwiesenthal. Wieder lacht die Sonne, und auch wenn es regnete, wäre ich in Paradestimmung, denn heute wird der Sack zugemacht, heute wird meine 16-Summits-Sammlung komplettiert, sofern uns nicht auf den letzten 250 Höhenmetern ein Bänderriss, ein Tornado oder eine Wolfsattacke daran hindert. Erst mal ein halbes Stündchen Bergwanderweg, dann links auf der Skipiste bergauf, so wie bereits am Wurmberg. Kaum fließt der Schweiß, erkennen wir über uns auch schon den Turm des Fichtelberghauses, und ich gerate in überschwängliche Siegerlaune. Der Fichtelberg gehört zu jenen Erhebungen, deren Gipfel bauliche Verzierungen aufweisen, und zwar reichlich. Und dort, wo nicht Hütten, Häuser, Türme und Aussichtsplattformen den Ankömmling aufzunehmen bereit sind, wurden geschnitzte Tierskulpturen aufgestellt, Frosch, Bär und Giraffe im Kopfstand, nein, ich korrigiere, bei letzterem handelt es sich lediglich um eine urige Skulptur mit Wegweiser-Funktion. Mit einem beherzten »Glück auf!« betreten wir nach den obligatorischen Gipfelfotos den Schankraum einer Gastwirtschaft und dürfen unsere Schnapssammlung um zwei Büddelchen »Himmelsleiter Pfortengeist« ergänzen. Prosit! Auf die Bergwelt, egal ob hoch, höher oder Bremen! Wir haben's geschafft, bzw. ich, Bernhard muss noch eine knappe Handvoll Gipfel nachtragen. An Motivation wird es ihm nicht mangeln, ich habe ihn gründlich angefixt. Und nach Soljanka und Kesselgulasch fliegen wir geradezu über den schnurgeraden »Wanderweg der deutschen Einheit« zur Loipen-Baude und weiter zur tschechischen Grenze, wo uns Renate mit dem Auto aufliest.

Fünf Jahre nach der Ideenfindung ist es vollbracht, und ich reihe mich ein in den exklusiven, elitären Kreis der 16-Summits-Bezwinger, der eventuell kleiner ist als jener der 7-Summits-Helden, auf jeden Fall jedoch bedeutend kleiner, als die elitärsten mir bekannten Vereine, der Club der Intelligenz etwa, ganz abgesehen vom Rat der Wirtschaftsweisen oder dem Präsidium der CDU.

Wenn man die Gesamtstrecke aller Gipfelstürme addierte, käme man auf eine erkleckliche, aber keineswegs imposante Wegstrecke – so gesehen dürfte dies meine mickrigste sportliche Großunternehmung gewesen sein, gleichzeitig aber jene mit den umständlichsten Anfahrtswegen. Aber was soll ich mich beschweren? Rum wird auch nicht an einem Tag gebraut.

Wer zu diesem Thema (also nicht den 16 Summits, nicht der Rumherstellung) Karten, Routen, Kilometer- und Höhenmeterangaben sucht, besorge sich das ausführliche Kompendium »Zippert steigt auf« von Hans Zippert, dem begnadet lustigen Autoren der »Welt«-Glosse »Zippert zappt«.

Der höchste Punkt Sachsens ist in gewisser Weise auch das
Dach der Welt (jedenfalls aus sächsischer Sicht).

Ja, dem Bummeln
wohnt etwas Kindliches inne
etwas Goldiges.

Wie schnell wandern?

Seltsame Frage, mag man denken.
Man geht halt so schnell, wie man
geht, und das Tempo ergibt sich
gleichsam automatisch

Seltsame Frage, mag man denken. Man geht halt so schnell, wie man geht, und das Tempo ergibt sich gleichsam automatisch aus Beinlänge, Ballenpressdruck, Hindernisdichte, Windstärke und -richtung und nicht zuletzt bedingt von äußeren Handlungszwängen, etwa den Ladenschlusszeiten. Andererseits leben wir in einer Epoche, die von dem Willen geprägt ist, alle Lebensäußerungen, gerade auch die physischen, einer messbaren Optimierung zu unterziehen. Speed-Hiker streben nach maximaler Geschwindigkeit, während am anderen Ende der Optimierungsskala mit Verve entschleunigt wird. Den achtsamen Zeitlupengänger und den anaeroben Hochgeschwindigkeitsstreber eint die Zeitgenossenschaft – beide wollen sie sich Gutes tun, ergo: gut sein, womöglich sogar besser werden. So unterziehen sie das Ich einer strengen Inventur, messen Puls und Schrittfrequenz, lassen sich coachen, halten Diät. Wer sich angesprochen fühlt, darf gerne mitlesen, alle anderen sowieso. Fangen wir also ganz langsam an, um anschließend rasant zu beschleunigen.

Bummelanten, Goldgeher und Knüppelträger

Der Bummelant, die Bummelantin: Eine Person, die sich Zeit nimmt. Als mir das Wort erstmals an den verträumten Kopf geworfen wurde, dürfte ich noch ein Kindergartenkind gewesen sein. Ja, dem Bummeln wohnt etwas Kindliches inne, etwas Goldiges. Aufgrund seiner phonetischen Nachbarschaft zum Pummel denkt man an Gemütlichkeit, an Babyspeck. Es gilt das Kindchenschema: Zum Bummeln gehören die besonders großen Augen, mit denen der Bummelant die Schaufenster betrachtet. Nicht zufällig ist vom »Schaufensterbummel« die Rede und nicht etwa vom Hydranten-, Moose-und-Flechten- oder Wohnblockfassadenbummel.

Der geherische Typus des bürgerlichen Bummelanten ist ein Produkt des Kapitalismus; erst die Arbeitsteilung der industriellen Revolution ermöglichte das Bummeln außerhalb adeliger Lustgärten, den Mainstream-Müßiggang, und das Schaufenster als Blickfang entfachte Konsumbedürfnisse, die auf Handel und Wandel wie ein Spoiler wirkten.

Oldenburg, die Stadt meiner Kindheit, schuf eine der ersten Fußgängerzonen in Deutschland, und mehrmals wöchentlich besuchte ich in jungen Jahren diese Wettkampfstrecke des Konsums und leckte die Vitrinen ab, wie man in Frankreich sagt. Besonders gerne besuchte die Familie Boning die Oldenburger Innenstadt sonntags, wenn die Geschäfte geschlossen sind – vielleicht, um Spontankäufe, um Triebabfuhr im Affekt zu verhindern.

Der Schaufensterbummel könnte schon bald der Vergangenheit angehören, wenn nämlich sämtliche Konsumbedürfnisse online erledigt werden. Natürlich wird er als Bewegungsmuster nicht ganz aussterben, so wie ja auch heute noch im Schlosspark von Versailles oder in der Orangerie in Bad Pyrmont gelustwandelt wird oder Gläubige nach Lourdes pilgern, trotz kriselnder Kirchen. Womöglich wird man sogar eines Tages für Nostalgiker spezielle Bummelrouten kreieren, sozusagen historische Themenwanderwege mit niedrigster Richtgeschwindigkeit, vorbei an opulent dekorierten Schaufenstern, zu denen freilich keine Ladenlokale gehören, sondern lediglich QR-Codes, über die das Feilgebotene im Versandhandel bestellt werden kann. Wir sehen uns in der Innenstadt!

Expressgehen

Bewegen wir uns nunmehr zügig ans andere Ende des Tachometers und werfen einen Blick auf das Expressgehen. Wirklich schnellen Gehern begegne ich nur alle vier Jahre, nämlich wenn ich im Fernseher über die olympischen Gehwettbewerbe stolpere. Offenbar findet diese Disziplin ansonsten im Verborgenen statt. Im öffentlichen Raum habe ich noch nie einen Gehathleten begutachten dürfen, was ich sehr bedaure. Das markante Kreisen der Hüften erinnert einerseits an den frivolen Hüftschwung der Sambatänzerinnen, andererseits an das unrunde Mahlen des Kolbens im Wankelmotor. Und so wie das Aggregat des NSU Ro 80 im Ruf stand, nach einigen 1000 Kilometern ausgetauscht werden zu müssen, so beschleicht den gemeinen Spaziergänger allzu leicht der Eindruck, dass das sportliche Gehen nicht zu den gesündesten Fortbewegungsarten zählt. Ein Eindruck, der trügt. Goldgehern werden nicht häufiger künstliche Hüftgelenke eingesetzt als etwa Marathonläufern – erzählte mir jedenfalls unlängst ein Sportmediziner. Was also hält uns davon ab, die Hüften kreisen zu lassen, den Oberkörper zu verwringen und dabei allzeit Bodenkontakt zu halten? Warum würden die meisten Jogger im Gegenteil am liebsten gar keinen Bodenkontakt haben, im Vorfußverfahren die Welt in großen Sätzen zu durchmessen, gleichsam zu fliegen, auch wenn ihre Körpernormativen das Tagwerk eines Bussards oder doch wenigstens einer Trottellumme nicht hergeben? Am Tempo kann es kaum liegen: 50 Kilometer bringen die weltbesten Geher in Zeiten um die 3:40 Stunden hinter sich, so dass sie bei jedem Stadtmarathon im vorderen Fünftel landen würden. Was den gemeinen Jogger schreckt, ist womöglich der Bodenkontakt. Er will abheben, sich über die schnöde Realität erheben, dem Alltag

Richtung Wolkenkuckucksheim entfliehen, während der Geher in jeder Phase seines Bewegungszyklus bodenständig bleibt. Der perfekte Lauf gehört somit ins Reich der Fiktion, ist Fantasy wie Einhorn und Hexenbesen, während der Gang schon dann perfekt ist, wenn er den Regeln entspricht, also ein Gang ist.

Sich in olympischer Gehtechnik durch eine Stadt zu bewegen, erfordert einen gewissen Mumm und kann die unterschiedlichsten Reaktionen hervorrufen: Stirnrunzeln, Applaus, Gelächter. In seinem Nonkonformismus ist der Geher entfernt mit dem Flitzer verwandt, allerdings ohne dessen Risiko, wegen Erregung öffentlichen Ärgernisses angezeigt zu werden.

> »In seinem Nonkonformismus ist der Geher entfernt mit dem Flitzer verwandt, allerdings ohne dessen Risiko, wegen Erregung öffentlichen Ärgernisses angezeigt zu werden.«

Verbreiteter ist das »Walking«, einer der überflüssigsten Anglizismen, die die deutsche Sprache zu bieten hat. Es geht darum, die geschwinden Schritte mit passenden Armbewegungen zu unterstützen, kein ganz und gar verrücktes Unterfangen. Mehrheitsfähig ist mittlerweile das »Nordic Walking«, also mit passendem Stockeinsatz.

Als ich Kind war und mit meinem Vater an Sonntagvormittagen auf Wanderschaft ging, war das Gehen mit Nordic-Walking-Stöcken in unseren Breiten völlig unbekannt, der Einsatz eines Wanderstockes hingegen wurde für angemessen gehalten. Stets schleppten Papa und ich klobige Knüppel durch die Gegend, wobei ich damals mitnichten hätte erklären können, warum. In der Rückschau erkenne ich den Sinn der angeblichen Gehhilfe durchaus: In den Souvenirläden aller wichtiger Wanderdestinationen gab (und gibt) es zünftige Metallschildchen in Wappenform, die mit kleinen Nägeln am Wanderstock befestigt werden können, und den erfahrenen Wandervogel erkannte man bereits auf den ersten Blick am lückenlos beschlagenen Wanderstab.

Unter orthopädischen Gesichtspunkten führt der Einsatz von zwei Stöcken zu einer deutlich ausgewogeneren Belastung des Oberkörpers – ein Argument, mit dem man überzeugte Anhänger des traditionellen Wanderstabes jedoch nicht erreichen kann. Denn richtig ist auch: Beim Tennis würde der Einsatz zweier Schläger beide Körperhälften ebenfalls gleichmäßiger belasten – und dennoch wird mittelfristig bei sämtlichen Grand-Slam-Turnieren ausschließlich mit nur einem Schläger gespielt werden.

Zügiges Wandern nannte mein Papa »Schweizer Geschwindschritt«, keine Ahnung warum. Könnte ein militärischer Fachausdruck sein, allerdings ist mein Papa »weißer Jahrgang«, zu jung für die Wehrmacht, zu alt für die Bundeswehr, sprich: Er hat ebenso wenig Ahnung von Gehtechniken im Felde wie ich (Zivi).

Im Alltag des Gehetzten muss man sich an keine olympischen Gehregeln halten, im Falle sich anbahnenden Termindrucks lässt sich jederzeit vom Gehen ins Laufen wechseln. Und da ich dies tippe, male ich mir aus, trainingshalber eines Tages ganztägig zu laufen, ohne auch nur ein einziges Mal ins Gehen zu verfallen. Kein sonderlich angenehmer Gedanke. Dann schon lieber den ganzen Tag singen, alle Lautäußerungen zu Arien und Rezitativen, das ganze Leben zur Oper machen. Aber dieses Experiment gehört in ein anderes Buch.

Gehdanken am Wegesrand

… sind keineswegs vonnöten, um eine Wanderung zum Erfolg zu führen. Man kann auch in gediegenem Stumpfsinn die innere Leere genießen – gerade das Gehen hat sich als Bewegungsmeditation bewährt. Auf der anderen Seite haben nicht erst die Peripathetiker auf die hirndüngende Wirkung frischer Luft gesetzt.

Was aber passiert, wenn man in der roten Zone ankommt, nach 30, 50, 70 Kilometern? Welche Qualität haben jene Ideen, die sich zwischen den immer längeren Müdigkeitszonen unserer bemächtigen? Ist der Körper erst einmal so richtig ermattet, kommt es zu einem immer rascheren Wechsel der Emotionen. Euphorie, Ödnis, Albernheit und Verdruss jagen einander – jedenfalls in der Theorie. Ich habe mir den Praxistest gegönnt; das folgende Gedankenprotokoll basiert auf Notizen, die ich kurz vor Sonnenaufgang, nach 16-stündigem Dauerspaziergang aufzeichnete. Das mir selbst auferlegte Oberthema lautete, passend zum Anlass: »Die Technik des Wanderns«. Ich schaute an mir hinab (der Kopf hing eh etwas schlapp über der Brust) und kritzelte im Halblicht der Stirnlampe:

Im Regelfall verfügt der wanderwillige Mensch über zwei Beine. Im Interesse der Inklusionsqualität dieser Abhandlung möchte ich sogleich darauf hinweisen, dass es auch Ausnahmen gibt, oder, um meinen alten Freund und Kupferstecher Olli Dittrich zu zitieren: »Manche Leute haben nur ein Bein«. Fast war Rudi einer von diesen Leuten, ein Freund meines Vaters, aber nur fast, da er von Geburt an ein normal großes und ein sehr, sehr kleines Bein sein Eigen nannte. Mithilfe zweier Krücken konnte Rudi auch die schwersten Wanderungen ebenso zügig wie klaglos absolvieren – notfalls unter Zuhilfenahme der damals noch populären sogenannten »Autofahrerhandschuhe«.

Seltener stößt man unter Wanderern auf Exemplare mit drei Beinen – aber in der Regel handelt es sich bei vermeintlichen Dreibeinern nicht um echte Spezialkonstruktionen, sondern lediglich um herkömmliche Zweibeiner, deren Wanderstock besonders klobig ist oder in einem Hosenfutteral steckt oder denen ein angegurteter, einbeiniger Melkschemel am Gesäß baumelt.

Beschäftigen wir uns im Folgenden mit der häufigsten aller Gangarten, dem »Schritt«. Jeder Schritt beginnt im Kopf. Was vermeintlich automatisch abläuft, ist, gastronomisch ausgedrückt, eine Melange aus einem halben Pfund Gehirnschmalz, ausgekochtem Neuron-Aal und 100 Gramm Synerbsen, gewürzt mit dem Salz der Erde, über die man zu gehen trachtet. *Notiz an mich selbst bei Durchsicht nach vollständiger Erholung: Au weia.*

Während es beim Droschkengaul der Kutscher ist, der »Hü!« sagt, erteilt sich der Wanderer sein Kommando selbst. Via internes LAN-Kabel wird die Botschaft durch den Rumpf gepumpt, passiert Lunge, Leber und Milz und landet kaum einen Augenblick später am Lichtschacht hinterm Hüftgelenk. Es macht »Ping!«, das Licht geht an, ein innerer Angestellter mit Ärmelschonern schlurft herbei, gähnt herzhaft und studiert das eingegangene Kommandoblatt. »Aha«, nuschelt er verschlafen, »es soll voran gehen, sehr wohl, dann wollen wir mal Butter bei die Fische geben« und geht in schleifenden Puschen hinüber zum großen Armaturenbrett. Als Laie kann man da nur staunen: Hunderte Lämpchen in gelb, rot und blau, Kippschalter und Drehregler, die ganze Anlage in die Jahre gekommen, aber offenbar gut gepflegt, staub- und rostfrei. Der innere Angestellte nestelt einen Zwicker hervor, haucht ihn an, poliert ihn am Ärmelschoner und klemmt ihn sich auf den Nasenrücken. Kaum hörbar kommentiert er mit langen Zahlen- und Buchstabenfolgen seinen routinierten Umgang mit den Bedienelementen. Manch Kippschalter macht »Plong«, andere »Ping«, und die Drehknöpfe knistern und rattern, als der Herr der Hüfte an ihnen herumschraubt. Dann ist es soweit, der Meister tritt einen Schritt zurück, ein großes Leuchtelement, das einer Fußgängerampel ähnelt, blinkt grün, und kurz darauf schwankt der Knochenbau, es ächzt und arbeitet, die am Arbeitsplatz des Hüftikus stehende Kaffeetasse wackelt, klappert, tanzt auf ihrer Untertasse, fast schwappt die lauwarme Plörre übern Rand, und mit markigem Knacken strafft sich die oben an der Patella festgeknotete Quadrizeps-Sehne, der Chor der Muskelfasern singt sein Hauruck in G-Dur, und schon schwebt der rechte Fuß über dem blauen Planeten; die Fußsohle erschrickt, war wohl in Gedanken ganz woanders, träumte von Reflexzonenmassage. Die Regenwürmer atmen auf, das gesamte vormals komprimierte Erdreich unterm Hebefuß wittert Morgenluft, und im Knie öffnen sie eine Flasche Schampus und skandieren »Ja, er lebt noch!« Nebenan, im Standbein, starren alle gebannt auf die Wasserwaagen: Wird die betagte Gleichgewichtsmechanik rechtzeitig alle Befehle umsetzen, die die im Zivilberuf übrigens als Pferdewirt tätige Equilibristin an Hammer, Amboss und Steigbügel zusammenklöppelt, weit weg, im Innenohr, hinter stullenweise Schmalz und Muscheln?

Der Anfang ist vollbracht, die Haxe hochgehievt. Jetzt folgt Phase zwei, es geht voran! Der gesamte Leib kippt vornüber, allerdings fein dosiert – im Kippen steckt die Erfahrung Tausender und Abertausender Schritte. Achtung, jetzt nicht überdrehen, Vorsicht Vorführeffekt. Das hätte noch gefehlt: Ausgerechnet jetzt das Gleichgewicht verlieren, da lachten die Hühner! Der Kaleu am Periskop fragt: »Neigungsmesser?« – »Drei Grad … vier Grad … fünf Grad«, ruft der nautische Offizier, es echot das Sonar, und feine Schweißperlen rinnen Smut und Maschinist die Stirne hinab. »Wasserbomben?« – »Keine!« Klaus Doldingers berühmte Melodie schraubt sich aus lichtlosen Tiefen hinauf in die Mittellage. »Achtung! Großer Kieselstein auf ein Uhr!«, meldet der Kaleu, und sogleich sucht sich U-Fuß-2 einen neuen Landeplatz. Auf Backbord nichts als vermintes Gelände: Ein Hundehaufen, daneben eine hinterlistige Baumwurzel. Dahinter macht das Allgemeine-Umgehungs-und-Gefahren-Erkennungs-Element (AUGE) eine ausreichend große Ebene aus, trocken und etwas sandig. In Sekundenbruchteilen entscheidet der Kaleu eine Schrittverlängerung um wenige Zentimeter. Jetzt kommt der bisher locker neben dem Körper schwingende Arm ins Spiel: Mit einer für Außenstehende kaum merklichen Ausgleichsbewegung, bei der die Lebenslinie der linken Handinnenfläche sich in rasanter Geschwindigkeit wie eine Äskulapnatter um einen Birnbaum zu winden scheint, darauf erpicht, einen Mops zu packen, zu würgen und am Stück zu verzehren, wird das neue Ziel angepeilt; im Standbein ist derweil die Hölle los, alles hastet, hustet, hievt und hudelt, die Muskeln werden prall, die ersten Knöpfe springen ab, sausen von Knie zu Knöchel, die Zeugen Jehovas klingeln und wollen über die Bibel sprechen, aber »Jetzt ist's schlecht, Sie sehen doch, was hier los ist!« – und mit reichlich stillem Knirschen senkt sich der Fuß der Sandpiste entgegen, die Hühneraugen setzen die Schutzbrillen auf, die Zehen sprechen Stoßgebete. Noch fünf Zentimeter bis zum Touchdown, eine Socke beginnt zu schluchzen, schon werden Stäube aufgewirbelt, einem Maulwurf knurrt der Magen, aber das passiert zwei Stockwerke tiefer und soll uns nicht stören. Noch ein Zentimeter, die ganze Welt schaut zu, Sträucher, Wolken, Himmelsblau, jetzt wird es still, kaum noch ein Wimpernschlag, und mit reichlich Rumpeln setzt die Maschine auf. Nur eine harte Landung ist eine sichere Landung, wie wir Wanderer sagen. Die Passagiere klatschen, aber nur kurz. Denn nach dem Schritt ist vor dem Schritt; schon schickt sich der Fuß an, nunmehr zum Standbein zu werden. Und so geht's voran, Schritt um Schritt. Oder so ähnlich.

Vom heiß gelaufenen Gehirnschmalz hin zu jenen frisch geformten Sahnehäubchen, die jeden noch so kurzen Spaziergang verzieren können. Im Laufe meines tourneeträchtigen Humoristen-Daseins habe ich einer gefühlten Mehrheit aller deutschen Innenstädte wenigstens einen bündigen Besuch abgestattet. Eine meiner Traditionsmarotten besteht darin, auf meinen Ortsterminen einen Werbeslogan für die Stadt zu ersinnen, in der ich mich befinde. Nachfolgend eine kleine Auswahl:

Werbeslogans für das Marketing deutscher Städte, die aus guten Gründen
im letzten Moment verworfen wurden

Hamm, meine Perle
Yes, we Köln
Tränen Lünen nicht
Mettmann. Schmeckt auch ohne Brot
Mit uns ist gut Kirchheim essen
Mund. Wo? Dort!
Kiel Spaß!
Frechen siegt
Gotha Be Go!
Be Hagen!
Suhl dich!
Jena dem
Waiblingen – auch für Männer
Gendersternchenfürt
Mäh, Leipziege!
Zwickau – das wird wieder.
Bernkastel Tu's!
Da weiß man, was man Hattingen
Würzburg. Alles andere als fad.
Chili Konstanz
Unna nahbar
Wer spricht von Siegen? Überleben ist alles.
Sieg maringen!
Witten, dass?

Horb Horb Hurra
Soest das, und nicht anders
Früher war alles aus Holzminden.
Sie: »Wollen wir nach Wuppertal?« Er: »Barmen!«
Bonn/off
Alle Düren stehen Ihnen offen
Spielen Sie Trier-Angel?
Mir han Fernweh – »Und wir Hannover«
Sauber, Rheine
Weimar? Don't ask!
Zeitz wirdz
Halle zu mir!
Büren. Ohne Ge.
Aalen Sie sich!
Schön ist es an der Ostsee – das Wismar doch!
Werder? Ich!
Willich? Ich!
Duderstadt. Ja: du!
Willst du auch? – Nein, ich Wilhelmshaven
Frieren im Bett? Herdecke!
Kommen Sie Marl!
Det wärmt nicht nur, det mold.
Alzey bereit.
Kesses Lippe
Ein Schwelm, wer Böses dabei denkt
Ich Kleve Dir eine!
Wetzlar – messerscharf
Momentan Berlin? Nein, ist vorrätig.
Marzahn hat Biss.
Kaufbeuren jetzt zum Sonderpreis
Wiefelstede hätten's denn gern?
Dresden um, ist egal. Ist von beiden Seiten schön.

Am Ufer deutscher Wasserläufe

Besonders an den Spülsäumen unserer Fließgewässer lässt es sich vortrefflich wandern – oftmals gibt es nur wenige Höhenmeter zu überwinden, und die Dienstwege auf den Dämmen und Deichen bieten besonders weite Panoramablicke auf den Fluss und das Binnenland. Ich habe mir zur persönlichen Lebensaufgabe gemacht, nicht nur diese Wege möglichst in Gänze zu begehen, sondern meine Eindrücke vom Charakter, von der Persönlichkeit des jeweiligen Fließgewässers in einem Flusswandergedicht festzuhalten. Hier eine kleine Auswahl meiner bewanderten Werke:

Enz

An der Enz entlang
fährt Bertha Benz
mit ihrem Motorwagen

Über die Grabhügel der Kelten
bügelte nicht selten sie
mit Wohlbehagen

Plötzlich riecht es tendenziell
verkokelt. »Brennt's«?, hört
man die Kraftfahrerin fragen

Sie hält & hält ein Taschentuch
gegen den Geruch vor ihre Nase
Konvulsivisch rebelliert ihr Magen

In der Ferne nähert sich ein zweites
Fahrzeug, das verbleites Ligroin
schluckt. Flammen schlagen

aus der Schmierölwanne. Tüt!
Mit voller Kanne will der zweite
jetzt vorbei, über die Hügel jagen

- was nicht geht. Der allererste Stau
geht zurück auf eine Frau. »Typisch!«,
platzt dem Wartenden der Kragen

Bertha spuckt ins Feuer und stellt fest:
Der Chauvi, den sie warten lässt, ist Carl,
ihr Mann in guten wie in schlechten Tagen

Ilm

Es war einmal ein Junge,
der mit aufgeblähter Lunge
einer alten Trombe Töne
abzuringen suchte.
Die Trombe wollte nicht,
der Junge fluchte,
trat gar auf das Instrument.
Da tauchte ein geheimer Rat,
bekleidet nur mit Badehose,
aus dem Wasserlauf im Park,
wo er gerad' sein Morgenbad
genossen hatte, auf.
»Guten Tag!«, sagte der Herr
und lud beide, Bube, Tube,

in sein nahes Gartenhaus.
Goethe lötete die Tröte
und zeigte dem Willigen,
wie man einen chilligen
Herb-Alpert-Sound 'ner
billigen Blechtute entlockt.
Der Junge war perplex,
wie so 'ne Trombe rockt,
wenn man weiß, wie's geht
(heute wäre dies undenkbar:
Alter Mann ohne Klamotten
lockt ein fremdes Kind zum Tuten –
klingt nach keinem guten,
sondern einem grotten-
schlechten Film).
Und das Haus, in dem
die beiden bliesen,
steht noch heute,
zwischen Wald
und Wiesen:
an der Ilm

Werra

In der Werra sah ich einst
ein halbes Schwein flussabwärts treiben
Mein Grenzschutz-Vorgesetzter sprach:
»Was meinst? Sollen wir's uns einverleiben?«
Ich nickte stumm und zog mich aus
und holt' es aus der Brühe raus
die, aufgrund der Kaligruben
sehr salzig war. Auf einem Karren schuben
wir das schweinische Volkseigentum
zum Hauptquartier, würzten mit Rum
(Salz war schon dran), dann rief ich: Essen fasse!
Und wegen dieser Tat wurde ich:
»Held der Arbeiterklasse«

Jade

Stumm dümpelt Gordon, die Badeente
auf der Jade dem Busen entgegen.
Alt ist sie, schon seit 10 Jahren in Rente.
Ist sie ein Feriengast? Von wegen!
Sie wohnte bis dato in Gelsenkirchen
gemütlich am Rand einer Badewanne
gemeinsam mit anderen Quietsche-Tierchen
in der Obhut von Marvin, Karl-Heinz und Susanne.

Dann hieß es: »Urlaub! Es geht in den Norden!«
und Marvin packte das Tier in die Tüte.
Mit He-Man und Dragonball Z reiste Gordon,
nicht ahnend, was ihm am Urlaubsort blühte.

Die Ferienwohnung war nahe der Jade
an deren Ufer nach knapp einer Woche
He-Man und Dragonball Z an der gedachten Wade
Gordon gewaltsam ergriffen und durch ein Loch

in der Tüte ins Freie verschleppten, bis an den Fluss.
Es geschah abends, am Freitag, dem vierten.
Bevor die Täter entkamen, per Bus,
schlugen sie Gordon k.o., penetrierten

die leblose Ente und anschließend schmissen
die Mörder ihr Opfer ins moorige Wasser.
Das Tatmotiv? Soweit wir Ermittler zur Stunde wissen
sind He-Man und Dragenball Z Entenhasser.

Vorsicht! Die Täter sind Actionfiguren
aus Hartgummi, und ihre Schultern sind breit.
Wir wissen nicht, mit welchem Bus sie fuhren.
Falls ihr sie seht, sagt uns Bescheid.
Danke!

Erft

Der unterschätzteste aller Flüsse
ist die Erft, diese Perle des Rheinlands
Erst neulich schaute ich Markus Lanz
Da sagte ein Jemand, man müsse

im Kanu Jangtse und den Kongo hinunter
um sagen zu können: »Ich war dabei«
Spontan entwich mir ein Schrei:
»Von wegen! Die Erft ist wilder und bunter!«

Nun gut, sie ist kürzer und nicht so bekannt
Sie ist eine Wolga im Büßergewand
für Schiffsverkehr viel zu flach

Vielleicht wohnt sie deshalb in meinem Herzen
Denn ich, und das sage ich, ohne zu scherzen
bin ebenfalls weniger Fluss als Bach.

Leine

Auf einer Stadtbrücke über die Leine
stolperten zwei äußerst haarige Beine
über die Zotten auf Knie, Knöchel, Waden,

durchbrachen die Brüstung – und gingen baden.
Schwer hing der Pelz an den Extremitäten.
Nichts ging mehr, namentlich Flusswassertreten,
Schwimmen erst recht.
Bemerkt hatte schon seinerzeit Bertolt Brecht,
oder nein, stopp, ein Irrtum, es war Heinrich Heine:
»In nichts schwimmen Stachelbeerbeine
so schlecht wie im Wasser der mittleren Leine!«
Der Havarierte erspähte nun Steine
am Grunde, griff einen spitzen, rasierte die Haxen,
und fast wie nach brasilianischem Wachsen
schimmerte daraufhin blass seine Haut.
Weg trieb der Beinbart, er wurde gestaut,
am nächsten Wehr stieg bedrohlich der Pegel.
Wie schrieb schon Georg Wilhelm Friedrich Hegel:
»Haare im Ausfluss: Problem der Ästhetik?
Nicht nur. Sie werden bisweilen als Dammbauer tätig
und lassen den Fluss übers Ufer treten.
Das Wasser läuft dann in den Dörfern und Städten
die Kellertreppe hinab, schwipp-schwapp« –
soweit Hegel.
Schon schleppte das THW Sandsäcke ran
(Hannover begann zu versinken)
da zog sich ein leidlich gehobelter Mann
(zumindest vom Zeh bis zum Schinken)
aus den steigenden Fluten.
Für ihn, immerhin, endete die Story im Guten.

Schwentine

Drei stinkfaule Flussdelfine
Aalten sich auf der Schwentine
Am Ortsausgang von Malente
Eins der lieben Tiere flennte:

Ist es weit bis an die Förde?
Will nach Kiel auf die Behörde
Lass mir dort 'n Motor geben
Und an meine Bauchnaht kleben

Sagte Delfin Nummer zwo:
Ich geh lieber in den Zoo
Lasse andere für mich jagen
Heringssalat satt. Noch Fragen?

Den dritten strengte Denken an
Spielte einfach toter Mann
Beziehungsweise Tierattrappe
Trieb davon und hielt die Klappe

Natürlich sind nicht nur Flüsse für Uferwanderungen wie für die Herstellung derartiger Texte geeignet, auch stehende Gewässer bieten reichlich Inspiration. Hier ein Beispiel aus Norddeutschland, vom schleswig-holsteinischen Brahmsee:

1978 trug man Clogs
(Holzschuhe mit Oberleder),
malte Wände dunkelbraun
(das erinnere an Höhlen),
und die damaligen Frauen
hießen Dörte (oder Frauke).
Lehrer freuten sich in Klammern
(klammheimliche Freude),
und die Mauke steckte
(häufiger als heute)
im bereits erwähnten Clog.

Der Kanzler fragte seine Olle
Loki (ja, nicht alle hießen Dörte),
ob sie sommers mit ihm in der Jolle
»Frauke« übern Brahmsee schippern
wolle. Antwort: Okidoki, und bald segelte
der, der der Deutschen Dinge regelte,
(Loki packte noch die Sachen
aus dem Reisekoffer aus) erstmals
quer mit seiner Mütze (war's
Prinz Heinrich?) durch die Pfütze
bei Neumünster und stieß (peinlich)
gegen einen (wie die Kapitäne sagen)
»Rock« (die hier nicht aus dem Wasser
ragen und die Kähne öfters plagen).
Durch die Wucht des Aufpralls
(klang wie eine Pauke) verlor der Kanzler
seine Mütze sowie einen Clog, der
von der Mauke über Bord
in Richtung Grund entschwand.
Schmidt steckte eine Extra-Lord
aus seiner Hosentasche in den Mund,
sagte zu sich selber »Flasche!« und
stippte dann die Extra-Asche seinem
Holzschuh hinterher (die Mütze war
wie eine Frisbee-Scheibe oder 'n
Bumerang vom Wind ergriffen
und ans Ufer ran getragen worden,
weiter noch, zu Dörte, äh, zu Loki,
direkt in den Schrank –
da wo sie hingehörte).
Und während die »Frauke« sank, rauchte
Helmut noch zu Ende, machte seinen

Frieden mit dem Clog-Verlust, sagte
dann zu sich (ganz frei nach Kant):
»Du musst!« und schwamm der Mütze
hinterher, zu Loki, erzählte ihr von
der Affäre (sie fragte zärtlich, ob die
Mauke blute), schließlich lud Schmidt
seine Loki ein – auf einen Grog.

Ja, Krisen konnte er, der Gute.

Verlassen wir mit diesem schwelgerischen Rückblick das Reich der Poesie und kehren zurück in die niederen Gefilde der höheren Spaziergangswissenschaft, verbleiben dabei aber thematisch in der Politik. So wie sich Helmut Schmidt öffentlich für das Freizeitsegeln und, mehr noch, für das Kettenrauchen, engagiert hat, so machte sich sein Zeitgenosse Karl Carstens wie kein zweiter für das Wandern stark.

Wer war noch mal Karl Carstens?

… mag sich manch einer fragen, der oder die nicht gar so vertraut ist mit der deutschen Nachkriegspolitik. Karl Carstens war CDU-Politiker aus Bremen, brachte es zum Bundespräsidenten und amtierte als selbiger von 1979 bis 1984. In seine Amtszeit (und die von Bundeskanzler Helmut Schmidt) fällt die brettharte Diskussion um den NATO-Doppelbeschluss, in die ich mich als Jugendlicher eifrig eingemischt habe. Einmal nahm ich sogar an einer Demonstration teil, nämlich gegen eine Rekrutenvereidigung im Oldenburger Marschwegstadion. Ich mag 15 Jahre alt gewesen sein, als ich an einem heißen Sommertag am Ort des Protests eintraf. Bevor ich mir irgendeinen Überblick verschaffen konnte, die Joppe verstauen oder nach Bekannten suchen, stieß ich auf einen untersetzten, nein, korpulenten Polizeiwachtmeister, der mit hochrotem Kopf, in äußerster Erregung den Zugang zum Demonstrationsgeschehen, tja, wie sagt man? Sicherte? Er ließ jedenfalls niemanden durch, schrie mit gellender Stimme und einer wegwerfenden Feldherrengeste, bei der Myriaden feiner Schweißtropfen von seinen behaarten Unterarmen abhoben und im Licht der untergehenden Sonne einen Regenbogen bildeten: »Schert euch zum Teufel!« Prompt machte ich kehrt, wahrscheinlich, weil mir der stimmstarke Polizist echte Angst einjagte, und einen Augenblick später spürte ich in meinem Allerwertesten einen Fußtritt des wütenden Ordnungshüters. Aha, dachte ich, so ist das also auf einer echten Demo, rieb mir den schmerzenden Hintern und beschloss, bis auf Weiteres nicht mehr an Demonstrationen teilzunehmen.

Einer der betörendsten Umschläge meiner Wanderbuchsammlung.
Und mir lebenslang ein modisches Vorbild.

Was wollte ich eigentlich erzählen? Ach ja, Karl Carstens. Das war ein würdiger, reichlich eichenhölzern wirkender Hanseat mit Brillantine im Kurzhaar und goldenen Knöpfen am Zweireiher, der sich, wie sich's für einen Bundespräsidenten gehörte, nicht sonderlich einmischte in die Tagespolitik. Sein Projekt war ein anderes: Er wanderte. Er durchwanderte im Laufe seiner Amtszeit Deutschland, in Etappen. In der Regel ließ er sich von einem Tross begleiten, der aus Landräten, Weinköniginnen und Lokalreportern bestand. Seine Frau Veronica machte sich derweil für die Emanzipation der Homöopathie stark, aber manchmal wanderte sie auch mit, in Kniebundhosen und großkarierten, braunen Burberry-Strümpfen. Nichts läge mir ferner, als das Wirken einer echten First Lady infrage zu stellen, aber spontan meine ich, dass das Wandern unter den Naturheilverfahren eine deutlich preisgünstigere – und dabei wahrscheinlich wirksamere – Alternative zur Schulmedizin ist als die sehr, sehr, sehr stark verdünnte Anwendung von Wasweißich auf Zuckerkügelchen-Basis. Dass das Wandern zu Karl Carstens mindestens ebenso gut passte wie das Singen zu seinem Vorgänger Walter Scheel (»Hoch auf dem gelben Wa-ha-gen«) steht außer Frage. Geht ja schon mit der Herkunft los: Bremen ist die Stadt der Stadtmusikanten, die sich gemeinsam, alt und nutzlos geworden, auf Wanderschaft begeben, um an einem verheißungsvollen Ort ein neues Leben zu beginnen. Literaturwissenschaftlich haben wir es bei diesem Märchen mit einer Tierfabel zu tun, welche alle Merkmale einer Gesindeerzählung aufweist, wandertheoretisch begegnet uns in den Bremer Stadtmusikanten eine ungeführte, eigenverantwortlich organisierte Senioren-Gruppenwanderung von Teilnehmern mit sehr unterschiedlichen körperlichen Voraussetzungen. Bremen als lockendes Ziel entfaltet zunächst einen Senioren-Sog, den man heute wohl eher Santiago de Compostela zubilligen würde. Während jedoch die meisten Erzählungen einer Pilgerreise auf dem Jakobsweg tatsächlich ans Ziel führen, bleiben Esel, Hund, Katze und Hahn auf halber Strecke hängen, nämlich im von ihnen lautstark entmieteten Räuberhaus. Nicht nur alt und grau sind diese armen Rentner, sie enden darüber hinaus als, wie man in Ausdauersportlerkreisen sagt, »DNF« (Did not Finish) – zum Stigma der Altersnutzlosigkeit kommt jenes des schnöden Aufgebens. Und hierin liegt die ermunternde Botschaft dieses Märchens: Man muss manchmal gar nicht am Ziel ankommen, um sein Glück zu finden – zumal, wenn man in netter Gesellschaft unterwegs ist.

Grimms Märchen sind sowieso Klassiker, nicht zuletzt der Wanderliteratur. Neben der erwähnten Gruppenwanderung finden wir beim Brüderpaar – kein Wunder – auch das Thema der Geschwistergänge. Hänsel und Gretel verirrten sich im Wald – ein Umstand, der natürlich auch den Einzelkindern unter jenen Wanderern bekannt ist, die sich, z. B. auf der Suche nach Abkürzungen, auch in das Terrain abseits der offiziellen Wege wagen. Ein potenzielles Fehlverhalten ist auch das eigenmächtige Anlegen von Markierungen. Nachfolgende Orientierungssuchende können in die Irre geführt werden, sowohl mit Steinmandln als auch mit Brotkrumen. Dass Hänsel und Gretel durch ihr Tun in die Bredouille geraten, lässt das Märchen wie eine Lehrschrift des deutschen Wanderverbandes wirken.

Das Pfefferkuchenhaus der Hexe schließlich lässt auch die gemeine Couch-Potato erahnen, wie sich der Wanderer fühlt, wenn sämtliche Energiespeicher entleert sind und der gefürchtete Hungerast zu den ersten Sinnestäuschungen führt. In jedem Gestrüpp werden essbare Früchte, in jeder Kate wird eine Konditorei erblickt. Und sogar Dachziegel schmecken nach Lebkuchen, wenn der Hunger nur groß genug ist.

Neben der Gruppen- und der Duowanderung sind auch Sologänge in der Grimm'-schen Sammlung beschrieben, etwa in »Die Sterntaler«. Das arme Waisenmädchen verschenkt auf seiner Fernwanderung zunächst seinen Proviant, dann Mütze, Leibchen, Röckchen und Hemdchen an andere Bedürftige. Neben dem karitativen Aspekt fällt dem erfahrenen Fußgänger der extreme Hang der Protagonistin zur Gepäckminimierung auf. Auch ich persönlich habe bereits Zahnbürstengriffe per Säge gekürzt und mich unterwegs überflüssiger Kleidungsstücke entledigt, um Gewicht einzusparen. Dies wurde aber nicht durch geldwerten Münzregen belohnt – ich hätte allerdings auch gar nicht gewusst, wie ich die schweren Penunzen hätte transportieren können. Sollte mich das Schicksal eines Tages in ähnlicher Weise vergüten wollen, bitte ich höflich um bargeldlosen Zahlungsverkehr. Danke.

Glanz und Elend des Wandertagebuchschreibens

München, Estergebirge, Montag, 25.7.94

Ah, ich erinnere mich: Der Sommer, in dem »Die Doofen« mit »Lieder, die die Welt nicht braucht« die Charts anführten und »RTL Samstag Nacht« voll durchstartete. Ein spannendes Jahr.

Dass ich auch in dieser turbulenten Ära noch Zeit zum Wandern fand, war in meiner Erinnerung etwas in den Hintergrund gerückt. Schön, dass bei mir im Keller zwei Festmeter Tagebücher nur darauf warten, wieder gelesen zu werden. Aufs Geratewohl griff ich in die Bände und stieß auf den folgenden Text:

Ab 9:00 Uhr mit der Eisenbahn nach Oberau zum seit gestern abend befieberten Abenteuer-Kurzurlaub. »Abend« wird groß geschrieben. Egal, ich lass die Fehler alle mal so stehen …

Bei drückender Hitze (die heftige Wolkenbildung bleibt mir nicht verborgen) wiederhole ich zunächst meine Lieblingswanderung des letzten Sommers: Durch dichten Nadelwald ersteige ich durstig den Westhang des Hohen Frickens. Kuck an, heute wäre ich vorsichtiger. Bei drohendem Gewitter bleibe ich unten.

Schweißüberströmt, aber insgesamt in unkritischerer Verfassung als 1993 lasse ich mich wieder von der flirrenden Farbigkeit und der überlegenen Ruhe des Frickenhochtales überwältigen. Hui, hier wird mit heroischem Vokabular gearbeitet. Keine halben Sachen! Außerdem entnehme ich dem Satz, dass ich 1993 auch schon in der Gegend gewesen sein dürfte. Kann ich mich gar nicht dran erinnern. Alles weg.

Hier beginnt die Reihe der eindringlichen Vorführungen, die mir heute die Natur subtil, routiniert und atemberaubend präsentiert: Viele bunte Schmetterlinge, auch ein Tagpfauenauge, flattern mir voran, und furchtsame Alpenbraunellen zischen seitwärts ins Gestrüpp. Alpenbraunellen? Sind das nicht diese schmucken Vögel? Niedlich, wie ich mich um detaillierte Naturbeobachtung bemühe …

An der Zinkwanne, an welcher sich der Weg zum Bischof nach Osten wendet, mache ich meine erste Rast, die grimmige Mittagsglut hat aus meinen im Rucksack mitgeführten Salamischeiben das Fett herausgepresst. Rasch erreiche ich den Bischofssattel, von dem aus sich der Blick aufs im Dunst verborgene Karwendelgebirge eröffnet. Eine Gedenktafel ermahnt: »Sei stets bereit!«, und ich brauche nicht lange nachzudenken, ob ich hier und jetzt bereit wäre. *»Die letzten Bilder möchten die schönsten sein.«* Oh Gott, interessante Vorstellung, wenn ich damals tatsächlich den Löffel abgegeben hätte, warum auch immer. Was mir alles entgangen wäre, unter anderem alle meine vier Kinder! Cyprian und Leander sind 1998 geboren, Theo 2018, Mathilda 2019. Allerdings hätte ich dieses Nicht-Erleben nicht beklagen können (da ich ja tot gewesen wäre).

Die Terrasse der Krottenkopfhütte ist mit einer illustren Menge bevölkert, die aus einem Ehepaar mit Kindern aus Sachsen, zwei asketischen DAV-Fundamentalisten, zwei leutseligen Haudegen (vielleicht pensionierte Limburger Leichtmetallvertreter) und zwei Münchener Chemiestudentinnen besteht. Ich vermeide jede Kontaktaufnahme, sondern stürze ein Kaltgetränk hinab, um dann den Krottenkopfgipfel zu erstürmen. Schüchtern wie eh und je. Hat sich bis heute nichts dran geändert.

Gerade trage ich meinen Namen druckschriftlich ins Gipfelbuch ein, als ein tosendes Unwetter beginnt, das die gesamte einsehbare Bergwelt mit Blitz und strömendem Regen überzieht. Ach du liebe Güte.

So steige ich eilig wieder hinab, um noch ein Viertelstündchen beim Hüttenwirt und seiner faden Erbsensuppe zu verweilen. Als der Regen nachlässt, mache ich mich trotz einer subtilen Wirtwarnung nach Osten auf. Unterhalb der »Hohen Kiste« treffe ich auf Dutzende schwarzer Alpensalamander, die ohne Scheu den Pfad besetzt halten und sich von mir unwillig liebkosen lassen. Schreck, lass nach! Ich habe die Tiere liebkost, obwohl sie unwillig waren? Warum habe ich das gemacht? Aus Spaß an der Freud? Aus Gedankenlosigkeit? Ist ja kaum möglich, da ich ja immerhin reflektiert drüber schreibe. In jedem Fall haben sich die Zeiten geändert. Niemals würde ich heute, knappe 30 Jahre später, einen Schwanzlurch drangsalieren, selbst wenn das Tier ausdrücklich seinen Willen bekundete. Inzwischen sollte doch allgemein bekannt sein, dass Amphibien eine sehr empfindliche Haut haben, die sehr anfällig für Pilzerkrankungen ist. Um die Tiere also nicht zu gefährden, lasse man die Finger von ihnen. Es schmerzt, mein Fehlverhalten zur Kenntnis zu nehmen, aber weiter im Text:

Insofern amerikanisiert, als dass ich für sensationelles durchaus euphorisch reagiere, (Hä? Verstehe ich nicht) *nehme ich auf meinem weiteren Weg strahlend immer wieder die zierlichen Tiere in die Hand und fühle mich beschwingt wie Humboldt, trotz der anhaltend unfreundlichen Witterung. Hier, oberhalb der vernebelt-toskanischen Michelfelder,* (ja – unglaublich, aber kurioserweise wahr, so heißt die Gegend noch heute, steht so in der Komoot-App) *verlassen mich dann ein wenig die Kräfte, und ich denke daran, mich zum Schlafen niederzulegen.*

In meiner Erinnerung nickte ich sogar gänzlich weg, pennte ein ganzes Weilchen mitten auf dem Wanderweg, und mehr als ein Alpinist stieg umsichtig über den schnarchenden Städter.

Bei einer Zigarette (oha, damals rauchte ich noch) *fällt mir, den Sonnenstand kontrollierend auf, dass es erst später Nachmittag sein dürfte, und so schlurfte ich weiter: abwärts, auf einer breiten Forststraße, zum Simetsberg, auf dessen freundlicher Almkuppe ich mich zum Schlafen niederlege. Kühe und Pferde, mit Glocken beringt, beschnüffeln mich und stieben wild auseinander.*

Was wiederum mich erschreckte. Der Moment, wie ich die Nüstern im Gesicht fühle, hochfahre und die Tiere flüchten, ist weiterhin in allen Details präsent.

Abendrot. Fledermäuse. Unter mir der Walchensee, wie von Lovis Corinth gemalt und im Kopf noch immer nur Arbeit. Migräne. Tipp an mein früheres Ich: Zigaretten weglassen. Hat viel gebracht!

München, Esthergebirge, Dienstag, 26.7.94 Esthergebirge jetzt mit »h«? Schreibt man das so? Oder dachte ich da eher an Esther Schweins, meine verehrte RTL-Samstag-Nacht-Kollegin?

Erwache, bevor die Sonne zu sehen ist. Nichtalpine Träume, die sich gegen das Aufnehmen des singulären Eindrucks stemmen. Die ganze Nacht leutete des Geläut der Tiere. »Leutete«? Soll das ein Wortwitz sein, von »Leute«? Ich leute, du leutest, Leute leuten?

Ein blonder Hengst, der der sechsköpfigen Pferdefamilie vorsteht, prägt sich besonders ein. Während ich mein Lager abwickle, durchdringt die Sonne orangen wie die Schutzkleidung der Müllwerker die Wolkendecke, wenig später reflektiert sie der Walchensee in durchdringendem Goldtone. Rasch stampfe ich hinauf zum Gipfelkreuz und lasse nüchtern den Blick schweifen: Im Norden dösen Eschenlohe und das Voralpenland, im Süden lockt, effektvoll beleuchtet, die Soiernspitze, mit ihren Nachbarn in Farbigkeit und ebenmäßiger Formung an die Pyramiden von Gizeh erinnernd. Fürwahr, dieser Blick ist weiterhin präsent, bis heute.

Zügiger Abstieg nach Einsiedl am Walchensee, wo ich um 9:18 Uhr eintreffe (die Zeit erfahre ich von der Zeitansage in einer Telefonzelle gegenüber der Bushaltestelle). Jetzt schlägt's 13! Telefonzellen für die Zeitansage, höhöhö. Und wie ich mich so drüber beömmele, fällt mir ein, dass dies kein Einzelfall war. In Momenten zeitlicher totaler Desorientierung nicht die schlechteste Lösung. Zwanzig Pfennig, und dann: »Beim nächsten Ton ist es …«

Am kiesigen Ufer geben sich übergewichtige Urlauber ihren Morgenbädern hin – mir fällt auf, dass der sächsische Akzent nach wie vor mit einer Spur von Befremden gehört wird. Viereinhalb Jahre nach Mauerfall, puh. Da hat sich mittlerweile doch einiges getan – so wie die Schwäbische Mundart auch in der Oberlausitz nicht mehr als ein Exotikum wahrgenommen wird, das den autochthonen Zuhörer verzugsfrei und für immer aus der Bahn wirft.

Auch ich kühle meine Füße im Wasser ab und beobachte dabei schlanke Fischchen, heranwachsende Salmoniden, die schüchtern das flache Uferwasser durchstreifen. Über Kochel und Tutzing geht es zurück nach München.

Viele, die Urlaubsstimmung zersägende Telefonate. Ermattet lausche ich abends in »La Scala« am Grünwaldpark M., S. und der zierlichen S. und ihren Unterhaltungen über Männer. Das italienische Lokal an der Romanstraße heißt heute anders, aber auch heute noch dürfte dort von Frauen über Männer abgelästert werden. Ein ewiges Menschheitsthema, jedenfalls ein Thema für eine Hälfte der Menschheit – etwa so wie die Freuden des Wanderns.

Finale: In Stöckelschuhen auf die Zugspitze

Deutlich kleiner als eine Menschheitshälfte ist jener Bevölkerungsteil, der Genuss aus der podologisch-praktischen Beschäftigung mit großen Distanzen in unbequemen Schuhen ziehen kann, beziehungsweise – gleichsam als Gipfel des Genusses – hohe Berge in High Heels erklimmt. Auch um den Fußsack zuzumachen, endet dieses Buch mit einer Schilderung meines jüngsten Ausflugs auf die Zugspitze, Deutschlands höchsten Berg.

Wir schreiben den 22. Juli 2022. Der Tag der Tage ist gekommen, der glorreiche Höhepunkt meiner Wandererkarriere soll noch im Laufe dieses Tages erreicht werden.

Es geht erstaunlich zügig voran in den pinken Pumps, die ich mir unlängst auf der Reeperbahn zulegte (Modell »Antix 9«), und ansonsten vertraue ich auf meine dicksten Skisocken. Die Textilfülle soll unter anderem helfen, den prallen Fuß am Aus-dem-Schuh-Schlupfen zu hindern, wobei ich bereits nach wenigen Hundert Metern die Schuhe zusätzlich mit Gewebeband an den Füßen befestige – eine Maßnahme, die ich fortan alle halbe Kilometer erneuern muss. Im Rucksack habe ich vorsichtshalber ein Paar Trailschuhe dabei, außerdem reichlich Blasenpflaster und sonstiges Verbandsmaterial, Wetterschutz, Riegel und eine Trinkblase mit Wasser.

Theoretische 14 Kilometer misst der Weg von der Talstation der Ehrwalder Zugspitzbahn auf den Gipfel, bei knappen 2000 Höhenmetern. Das sollte ich auch auf meinen 12-Zentimeter-Absätzen an einem langen Tag hinkriegen, zumal ich bezweifle, dass ich an einem zweiten Wandertag die dann wahrscheinlich üppig geschwollenen Füße überhaupt wieder in die schmalen Treter quetschen könnte. Dass die Sache schmerzhaft wird, ist eh klar – also einfach durchziehen.

Nur gut, dass ich nicht plane, auch den Abstieg auf Stilettos hinter mich zu bringen. Bergauf, so konstatiere ich bereits nach den ersten Metern, geht es im Wesentlichen darum, konsequent auf dem Vorfuß zu laufen, wie die kenianischen Meister-Marathonis, besser noch auf den Zehenspitzen à la Primaballerina. Klar, irgendwann wird mich dieses private Bolschoi-Theater am Berg ermüden, aber bergab müsste ich mit jedem Schritt den Berg penetrieren, ja, perforieren, sobald der Boden feucht wäre, bliebe der Stöckel stecken, und auf Fels glitschte oder bräche er ab – DAS wäre schwer!

Gestartet bin ich um sechs Uhr, in Begleitung von Kameramann Matthias, der meine Glanztat für die Nachwelt dokumentieren möchte. In seinem Rucksack befinden sich 20 Kilo Equipment, und ich möchte nicht mit ihm tauschen – dann lieber 12 Zentimeter hohe Hacken.

Es ist dies eine Schild, das mir bei der Vorbereitung auf
meine Führerscheinprüfung nie begegnet ist.

Die Idee, ausgerechnet Deutschlands höchsten Berg auf diese Weise zu bezwingen, ist 20 Jahre alt, entstand auf der Nordseite der Zugspitze, während einer Hochgeschwindigkeitswanderung mit dem exzentrischen Skilangläufer Johann Mühlegg durchs Höllental zum Gipfelkreuz. Auf dem Höllentalferner kam uns der Gedanke, dass Stöckelschuhe hier praktisch wären: Zöge man sie aus, könnte man sich auf dem Eis der Haftreibung seiner Socken erfreuen und die Stöckel als Eisbeile nutzen. Die Spitzen der Pumps könnte man beim Klettern überdies in kleinste Felsritzen einführen (siehe mein Buch »Bekenntnisse eines Nachtsportlers«).

Seither rumorte die Hypothese, dass Stöckelschuhe im alpinen Einsatz im Grunde gar nicht so ungeeignet seien, in meinem Kopf, aber sobald ich sie öffentlich erwähnte, hagelte es Widerspruch. In einer persönlichen E-Mail, die ein Herr aus Bayern an mein Management schickte, steht im Grunde alles drin, was man gegen mich und meine Expedition vorbringen kann. Ich zitiere:

Am Gatterl, dem Grenzübergang
zwischen Deutschland und Österreich

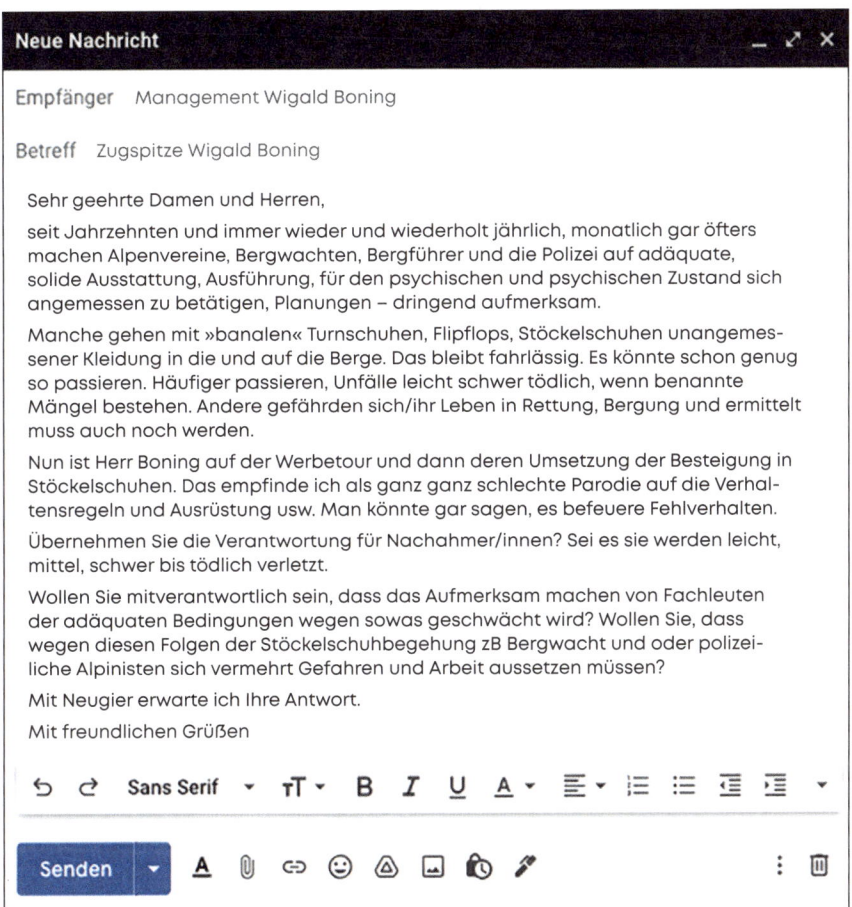

Neue Nachricht — ↙ ✕

Empfänger   Management Wigald Boning

Betreff   Zugspitze Wigald Boning

Sehr geehrte Damen und Herren,

seit Jahrzehnten und immer wieder und wiederholt jährlich, monatlich gar öfters machen Alpenvereine, Bergwachten, Bergführer und die Polizei auf adäquate, solide Ausstattung, Ausführung, für den psychischen und psychischen Zustand sich angemessen zu betätigen, Planungen – dringend aufmerksam.

Manche gehen mit »banalen« Turnschuhen, Flipflops, Stöckelschuhen unangemessener Kleidung in die und auf die Berge. Das bleibt fahrlässig. Es könnte schon genug so passieren. Häufiger passieren, Unfälle leicht schwer tödlich, wenn benannte Mängel bestehen. Andere gefährden sich/ihr Leben in Rettung, Bergung und ermittelt muss auch noch werden.

Nun ist Herr Boning auf der Werbetour und dann deren Umsetzung der Besteigung in Stöckelschuhen. Das empfinde ich als ganz ganz schlechte Parodie auf die Verhaltensregeln und Ausrüstung usw. Man könnte gar sagen, es befeuere Fehlverhalten.

Übernehmen Sie die Verantwortung für Nachahmer/innen? Sei es sie werden leicht, mittel, schwer bis tödlich verletzt.

Wollen Sie mitverantwortlich sein, dass das Aufmerksam machen von Fachleuten der adäquaten Bedingungen wegen sowas geschwächt wird? Wollen Sie, dass wegen diesen Folgen der Stöckelschuhbegehung zB Bergwacht und oder polizeiliche Alpinisten sich vermehrt Gefahren und Arbeit aussetzen müssen?

Mit Neugier erwarte ich Ihre Antwort.

Mit freundlichen Grüßen

Vieles an diesem Brief ist bedenkenswert. Machte ich mich tatsächlich mitschuldig, wenn ich durch mein Tun Menschen dazu motivieren sollte, auf hohen, eventuell sogar höheren Schuhen auf noch heiklere Berge zu steigen, um neue Maßstäbe zu setzen? Falls ja: War dann nicht auch Reinhold Messners Erstbesteigung des Mount Everest ohne Sauerstoff in Flaschen eine Ermutigung, es ihm gleich zu tun, eine Anstiftung zu riskantem Verhalten? Oder ist genau dies ein Äpfel-und-Birnen-Vergleich? Dient nicht gerade meine Tat der Aufklärung, zumal, wenn ich aus eigener Erfahrung vermelden kann, dass High Heels für das Hochgebirge völlig ungeeignet sind? Ich bin unsicher. Für mich steht jedoch außer Zweifel, dass ich mich auch im Falle eines mehrfachen offenen Bein-, Arm- und Genickbruches nicht von der Bergwacht würde retten lassen, eher spendierte ich mich höchstpersönlich Alpenschakal & Mönchsgeier als Zwischenmahlzeit. Bereits die ersten paar Hundert Meter machen überdies klar, dass die Idee, ich könnte eine Massenbewegung auf Pfennigabsätzen auslösen, völlig abwegig ist. Selbst ich, hartgesottener Holzschuhträger, fluche zünftig, noch ehe ich das Parkareal hinter mich getrippelt habe. Niemand, so formuliere ich im Geiste meine Antwort auf den besorgten Briefeschreiber, wirklich niemand wird es mir jemals gleichtun, schon gar nicht irgendwelche Couchonauten, die ja in der Regel schon jammern, wenn sie zehn Meter in Pumps hinter sich haben.

Erwartungsfroh balanciere ich über den Asphalt zur Ehrwalder Alm, wo mir ein älteres Ehepaar »Macht er's also endlich wahr!« entgegenschleudert. Aha, mein Vorhaben scheint sich rumgesprochen zu haben. Mit besten Wünschen ausgestattet, tripptrappele ich weiter und hänge auf dem nun beginnenden Forstweg Matthias locker ab. Leider lahmt mein linker Stöckel. Immer häufiger biegt er sich zehenwärts, und eine Begutachtung verrät, dass bei der Herstellung im hinteren Sohlenteil offenbar an Klebstoff gespart wurde. Als wir linkerhand auf den Max-Klotz-Steig einbiegen, begegne ich einem Almbauern in Begleitung einiger Tiere, allesamt Kollegen von mir, da sie als Paarhufer ebenfalls auf nur zwei Zehen unterwegs sind. Der Bauer erwidert mein Servus stumm nickend und mit düsterem Blick; zu sonderbar mag ihm mein Anblick erscheinen.

Als beim Durchwaten eines Baches einige Hundert Meter später der Stöckel vollends bugwärts umklappt, klebe ich ihn mit einigen Lagen Klebeband querliegend unterm Schuh fest. Noch ist er mit der Restsohle verbunden. Wer weiß, vielleicht kann ich ihn unterm Gipfelkreuz wieder aufrichten? Das Gehfühl ist jedenfalls in der Schuhruine deutlich besser als in seinem weiterhin tadellos intakten Kollegen auf rechts.

Ich begegne Dutzenden Wanderern, und die meisten leiten den Smalltalk ein mit »Wette verloren?« Fast alle Reaktionen sind positiv bis euphorisch, und ich fühle mich an meinen Uralt-Kinderwagen erinnert, der mich schon mit unzähligen Passanten plaudern ließ. Mit Stöckelschuhen auf die Zugspitze an einem schönen Sommertag – das wirkt ähnlich zuverlässig gegen eventuelle Einsamkeitsgefühle (ist aber bedeutend gefährlicher).

Vorm Gatterl, dem pittoresk-felsigen Grenzübergang zwischen Österreich und Deutschland, verliert der defekte linke Schuh seine Gestalt, die Ferse wird nicht mehr vom Velourleder (?) umschlossen, der Stöckelschuh gerät zum zermatschten Pantoffel. Von latenter Panik durchdrungen, suche ich mit den Händen Halt an Felsen und Bergblümchen oder schiebe mich auf dem Hosenboden vorwärts, während drunten ein Murmeltier seinen Warnpfiff ausstößt – völlig zurecht, wie ich unumwunden zugeben muss. Wie hieß doch gleich die Sendung, in der Bernhard Hoëcker und ich Häuser mit originellen Mitteln baulich, äh, modifizierten? »Nicht nachmachen!« Die heutige Expedition ist eine Sonderausgabe, und ich möchte allen, die vielleicht doch mit dem Gedanken spielen, es mir gleichzutun, ein flehentliches »Auf keinen Fall!« entgegenschmettern. Wenn euch euer Leben lieb ist, tragt Wanderschuh, Trailschuh, schwere Bergstiefel, aber keine Stöckelschuhe!

An den Seilsicherungen unterhalb des Gatterls verlasse ich mich im Wesentlichen auf meine Hände, ziehe meine nutzlosen Haxen hinter mir her, zum Aussichtspunkt in 2100 Meter Höhe, wo ich von den halb ehrfürchtigen, halb erheiterten Mitgliedern einer Frauenwandergruppe in Empfang genommen werde. Bis Matthias eintrifft, ein Viertelstündchen nach mir, posiere ich für Selfies und versuche mein Tun zu erklären, mit mäßigem Erfolg. Gewiss ist dies einer der absurderen Tage in meinem Leben.

Matthias trifft ein, und wir rechnen nach. Die letzte Seilbahn fährt nach Ehrwald um 16:40 Uhr, der Rucksack wird nicht leichter. Knappe Angelegenheit. Auf dem Weg zur Knorrhütte jedoch löst sich der linke Restschuh vollends auf und lässt sich auch mit reichlich Klebeband nicht mehr stabilisieren, was mich zur Aufgabe zwingt. Ich wechsele auf meine Trailschuhe und schultere schmallippig den schweren Rucksack. Beim Mittagessen auf der Knorrhütte schauen wir so bedröppelt drein, dass uns der Hüttenwirt auf einen tröstenden Schnaps einlädt. Kopf hoch, immerhin haben wir's bis hinters Gatterl geschafft, haben die Hälfte der Höhenmeter bewältigt!

Epilog

Ich schreibe diese Zeilen am Tag nach unserem Fehlversuch. Meine Füße sind in erstaunlich guter Verfassung, keine Blase, höchstens leichter Muskelkater in den Ballen. Die malträtierten Schuhe hingegen haben sich über Nacht nicht erholt. Kameramann Matthias weiß nun, dass Gepäckminimalismus Trumpf ist, es sei denn, man plant von vorneherein eine Übernachtung auf der Knorrhütte ein. Ich wiederum habe gelernt, dass ein, besser zwei Ersatzpaare pinke Pumps im Rucksack unerlässlich sind.

Soeben rief mein lieber Schwiegervater an und schlug lachend vor, die Schuhe zum Händler zurückzubringen, mit der Begründung: »Klarer Garantiefall!«

Früher oder später werde ich einen neuen Versuch unternehmen. Dass ich die Zugspitze eines Tages auf Stöckeln bezwingen werde, steht für mich außer Frage. In diese wird hingegen der eine Leser, die andere Leserin mein Unterfangen stellen – völlig zurecht. Warum gönne ich, warum gönnen sich Menschen generell derlei Spinnereien, riskieren ihre Fußgesundheit, mindestens? Ich vermute, dass der Grenzgang, die leidenschaftliche Beschäftigung mit den opaken Rändern des Menschenmöglichen, uns Hominiden ebenso innewohnt wie der Drang zur Fortbewegung, zum Lauf auf zwei Beinen. Der wohlwollende Betrachter mag im High-Heel-Hochgebirgseinsatz (Hi-He-Ho) somit die Vermählung zweier Grundfesten des Menschseins erkennen, der Übelwillige lediglich gefährlichen, womöglich sogar unmoralischen Unfug.

Die Faszination des experimentellen Wanderns wird sich nicht jedem erschließen, schon gar nicht jenen, die das Gehen an sich für eine überholte Tätigkeit halten und sich, wenn irgend möglich, Laufbändern, Fahrstühlen und Limousinen anvertrauen. Mit ähnlicher Motivation könnte man auch das Luftholen einstellen und sich an eine Beatmungsmaschine anschließen lassen – das ist, vor allem bei begleitender Verabreichung von Betäubungsmitteln, gewiss bequemer.

Ich persönlich jedenfalls genieße mit jedem Lebensjahr mehr die Fähigkeit, mich aus eigener Kraft vom berühmten Fleck zu bewegen, bin recht glücklich mit meinem Los, keine Seeanemone oder eine Winterlinde zu sein, sondern einer von diesen quirligen, neugierigen Primaten, und ich kündige hiermit schon mal an, so lange einen Fuß vor den anderen zu setzen – und dabei Kraft meines Zwerchfells eigenverantwortlich Luft zu holen – wie der liebe Gott mich lässt, im Zweifel auch gerne in Badelatschen, Holzschuhen und Stöckelschuhen, von Rötz nach Quetsch, quer durch New York oder eben auf die Zugspitze.

Und jetzt fällt mir doch glatt »You'll never walk alone« ein, die Hymne der Fans des FC Liverpool. Die möchte ich euch, liebe Wanderer, zum Abschied hinterherjodeln. Ich winke euch nicht nur, nein, ich gehe euch im Geiste nach, bleibe euch auf den Fersen, voller Sympathie, vielleicht sogar mit einer umgehängten Wandergitarre, auf der ich die Akkorde des Musicalhits von Rodgers und Hammerstein anstimme.

Und wenn ich nicht umgeknickt bin, dann gehe ich noch heute. Adé!

Der (rekonstruierte) Rekord-Schuh steht bei mir
daheim im Privatmuseum, zwischen Nasenhaarschneider-
sammlung und einem Autogramm von Kim Jong-un.

Impressum

© 2022 GRÄFE UND
UNZER VERLAG GmbH,
Postfach 860366, 81630 München

EDITION

Gräfe und Unzer ist eine eingetragene Marke
der GRÄFE UND UNZER VERLAG GmbH,
www.gu.de

ISBN 978-3-8338-8201-2
1. Auflage 2022

Projektleitung: Silke Tauscher
Lektorat und Korrektorat:
Christiane Schwabbaur
Umschlaggestaltung & Layout:
ki36, Sabine Skrobek, Petra Schmidt
Herstellung: Susanne Fuhrmann
Satz: Anja Dengler •
Werkstatt München GbR
Reproduktion: Longo AG, Bozen
Druck und Bindung: aprinta GmbH,
Wemding

Umwelthinweis:

Dieses Buch ist auf PEFC-zertifiziertem
Papier gedruckt. PEFC garantiert, dass
Holz- und Papierprodukte aus nachhaltig
bewirtschafteten Wäldern stammen.

Wichtiger Hinweis:

Die Informationen in diesem Buch stellen
die Erfahrungen und die Meinung der
Autoren dar. Sie wurden von ihnen nach
bestem Wissen erstellt und mit größtmög-
licher Sorgfalt geprüft. Sie bieten jedoch
keinen Ersatz für persönlichen kompetenten
medizinischen Rat. Weder die Autoren noch
der Verlag können für eventuelle Nachteile
oder Schäden, die aus den im Buch gegebe-
nen praktischen Hinweisen resultieren, eine
Haftung übernehmen.

Die GU-Homepage finden Sie unter
www.gu.de

Bildnachweis:

Coverfoto: Jörg Koch
Foto Umschlagklappe: Jörg Koch
Alle Fotos privat, außer: S. 135, 142, 145:
Bernhard Hoëcker, S. 147, 173: Matthias Boch

Ein Unternehmen der
GANSKE VERLAGSGRUPPE

DR. CHRISTOPH AUGNER

IN DER RUHE LIEGT DEINE KRAFT

Wirksame Wege

zu mehr Gelassenheit

in einer lauten Welt

humboldt

INHALT